하나님
핸드폰
소리에
살았다

이태식 산문집

하나님 핸드폰 소리에 살았다

한강

책을 내면서

❋

원고를 보내고 한중일 회담을 기다리는 동안 많은 변화가 있었다. 책이 나올 때까지 또 무슨 일이 벌어질지 모른다. 그래서 산문집에는 시사 문제를 다루지 않는다. 그럼에도 검찰과 법원의 수사 지연과 사법 농단으로 국가 질서가 무너진 것을 보고만 있을 수는 없었다.

인터넷 줌 의견란에 자주 참여하고 타이젬에서 바둑을 둘 때에도 서로 의견을 제시한다. 민형배가 검사들의 탄핵 발의를 하고 개딸들이 신 판사를 농락하는데도 수사 방해로 잡아들이지 않는다는 설전이 있었다.

쥐눈박이가 바둑을 둘 줄 알았으면 전과자가 되지 않았으며 검찰 총장도 실적이 없는 것을 보아 바둑을 모르는 것 같다며 오랫동안 교체를 하지 않는 것에 대해 의아하게 생각하기도 했다. 바둑이나 정치는 기세 싸움이다. 4·10 총선의 국회는 범죄자를 당선시킨 도덕성 붕괴 집단으로 전락하고 말았다. 그 원인은 유창훈 판사의 쥐눈박이 기각이 한몫을 했다.

나는 타이젬에서 바둑을 두며 쥐눈박이를 지지한 지역은 쓰나미나 지진이 일어날 것이라고 했더니 말이 떨어지자마자 다음 날 신문에 지진이 일어난 뉴스가 보도되었다. 검찰 총장 이야기가 나오면서도 유튜브에서 총장을 비난하는 글이 쇄도했다.

러시아 전쟁을 보면서 EU는 있으나 마나 한 기구라고 했더니 이번엔 러시아 제재안들 여러 가지를 채택한다고 한다.

미국의 남북한 핵 불균형 정책으로 인해 북한에서 쓰레기 풍선이 날아온다며 미국을 바닷속으로 빠트려 버린다고 했더니 기후 변화로 몸살을 앓고 있다.

세계의 3대 악인은 쥐눈박이, 푸틴, 네타냐후인데 수시로 바뀐다. 나라마다 골칫덩어리인 쥐눈박이가 하나씩 있다. 이 모든 생각이 하나님의 뜻과 같다 믿으며 한순간도 정확하다는 것을 볼 때 한국은 앞으로 모든 면에서 정상적으로 전개될 것으로 믿으며 세상에서 가장 안전한 나라가 될 것을 확신한다. 하나님이 보우하사 우리나라 만세다.

2024년 4월
이태식

차 례

□ 책을 내면서

제 1 부 삶을 돌아보며

나이 들기 전에 해야 할 일 ____11
하나님 핸드폰 소리에 살았다 ____17
해외 동포들과의 유대 강화 ____24
미래의 먹거리 보고 ____28
무엇을 믿을 것인가 ____38
더 늙기 전에 인연 정리 ____44

제 2 부 오늘을 살아가며

AI 의존도가 높아지면 생기는 일 ____51
전쟁 시대의 뚝심 있는 대통령 ____57
판짜고 판치다 판수가 되다 ____64
의료 대란의 후유증 ____71
글로벌 사기 범죄를 막는다 ____76
북한의 내부 혼란 ____83
한중일 협력 재확인 ____87

제3부 건강한 삶을 위해

마찰 전기와 독소 배출 _____ 93
두 자녀 이상 낳아야 장수한다 _____ 98
백내장 수술과 의사 부족 _____ 103
미생물과의 경쟁과 전쟁 _____ 108
암의 치유력 70%는 하나님의 뜻 _____ 114
가속 노화를 일으키는 요소들 _____ 119

제4부 동행하는 삶

독신의 갱년기는 웃음으로 치료 _____ 127
성의 분출은 AI 섹스봇으로 _____ 130
재혼은 아무나 하나 _____ 134
보이지 않는 사랑과 질투 _____ 138
부부간 의견 조율 잘하기 _____ 143
잘살고 못사는 것은 거기서 거기 _____ 148
암보다 더 무서운 것은 _____ 152

□ 후기

삶을 돌아보며

제1부

나이 들기 전에 해야 할 일

　미래의 행복은 무엇을 많이 하느냐가 문제가 아니라 얼마나 집중하느냐에 달려 있다. 집중력을 향상시키는 것은 성공적인 삶을 마무리하기 위한 필수적 요소다. 부정적 감정에서 빠져나와 정신적인 안정을 찾는 명상이 효과를 얻을 수 있다. 나이가 들어감에 따라 활동성이 떨어지고 감정이 메말라 간다.
　일을 꾸준히 많이 해오다 쉬어 가는 전환점이 오면 나이 들기 전에 해야 할 계획을 세워야 한다. 감성이 늙기 전에 독서도 하면서 많이 생각하고 상상력을 넓혀 나가야 한다.
　일반인들의 생각과 나의 생각이 어떤 점이 일치할까 하고 인터넷 검색을 해 보았다. 나의 의도를 알아차린 내용은 없고 주로 여행, 새로운 자격증 따기, 노후 대책 등 주로 평범한 일상에서 할 수 있는 일이 대부분이었다. 인터넷이나 AI는 인간의 상상력을 따라잡을 수가 없다는 것을 절실히 보여 주었다.

　인터넷은 남들이 해왔던 결과물을 종합적으로 표시한다. 나의 의도는 부부 중 한 사람이 세상을 먼저 떠날 경우 그 공백을 메우기 위해 미리 이성 친구를 사귀어 두면 도움이 될 수 있다는 취지였다. 늙어서 어떤 상대를 좋아하는 것은 감정으로 끝나기가 쉽지만 오랫동안 알고 지내는 사이는 서로의 사는 과정을 알고 있어서 정도 있고 쉽게 도움을 청할 수 있다.

　두 번째는 시나 수필 등단이다. 나이가 들수록 망각의 속도가 빨라진다. 오래도록 잊지 않으려면 간단하게 메모를 해 두어야 한다. 갑자기 연예인이나 정치인 이름이 떠오르지 않을 수도 있다. 여러 사건들도 스크랩북을 만들어 놓으면 훗날 글감이 된다. 자신의 생활과 연관된 재미있는 사건이 발생하면 글을 쓸 수도 있고 책을 낼 수도 있다. 출판사에 돈을 준다고 아무나 책을 내주지 않는다. 정치인이나 의사, 교수 등은 직업적으로 사회에서 인정 받았기에 책을 내어 출판기념회도 가질 수 있지만 일반인들은 문단에 등단을 해야 어느 정도 인정을 받는다. 오랫동안 사회적으로 물의를 일으켜서 화재가 된 사람들도 사고뭉치로 국민들이 이해하기에 인기 서적을 내는 경우도 있다.

　수필은 삶 자체를 글로 쓰기 때문에 독자가 경험담을 읽고 위로 받는 경우도 있고 자기 삶에 발전성 있는 변화을 가져올 수 있다. 스님들도 여행을 할 때는 산문집 한 권 정도는 꼭 챙긴다고 한다. 수필은 소설가나 정치가, 연예인들이 거저 쓸 수 있는 것이 아니다. 특별한 경험이 있어야만 가능하기 때문에 아무나 수필가가 될 수도 없다. 자신의 산 경험이 없더라도 사회에서 일어나는 특별한 사건들에 대해서 자신의 견해를 잘 조화시키면 등단할 기회를 잡을 수 있다. 나의 경우는 아프리카 소말리아에서 한국 선박을 174일 동안이나 납치했는데 영국에 해양 기구가 있고 미국 배가 주위를 자주 순찰하는데도 구조하지 못했던 것을 강조하였다. 또 한 편은 사고를 일으키는 내용의 1초가 던지는 의미였다. 젊어서 등단을 해 두어야 세상의 변화한 모습을 글로 쓸 수 있다. 시도 비슷한 현상이다. 시골 할머니들이 가끔 시집을 내는 경우도 있다. 자신이 평소 느껴 왔던 것들을 시어로 세상에 보여 주는 것이다. 신춘문예에서 소설이나 시가 당선되기까지는 시간이 걸리기 때문에 월간 문학지에 문을 두드리면 좀 더 쉽다. 수필은 두 편, 시는 내용이 짧기에 5편 정도 보내야 한다. 모든 매사가 쉬운 것은 없다. 평소에 얼마나 관심을 갖고 노력 여하에 달렸다.

세 번째가 바둑이다. 60세부터 배워서 치매를 예방한다는 말이 있다. 기초 책을 보면서 포석과 정석을 익혀야 하는데 쉽지 않다. 가끔 바둑 TV를 보면서 친구들과 실전을 해보는 것이 빠르다. 시간이 많으면 기원에 나가서 고수들의 장면을 구경하며 사범에게 조금씩 지도를 받는 것이 알기 쉽다. 젊었을 때 취미가 당구나 바둑이면 아무리 못 두어도 7, 8급은 된다.

요즈음은 인터넷 시대여서 젊은이들이 많이 참여한다.

가락시장 한국청과 노점상 닭집 앞의 평상에는 여름 겨울 가리지 않고 날씨가 포근하면 바둑 두는 고정 멤버들이 모인다. 보통 6명 정도 되는데 근처 H 아파트 김 씨는 급수가 조금 떨어져서 매일 와서 구경만 한다. 내가 제일 고수여서 나에게 4점이나 5점을 놓고 두는 사람이 많다. 주식을 하는 정 선생이나 닭집 안 사장에게 노후에 필요할지 모르니 인터넷에 가입하라고 일러 주었는데도 너무 바빠서 안 하고 있다. 언젠가는 장사를 그만둘 것이고 자투리 시간이나 기다리는 시간에 인터넷의 활용 가치가 있는 것이다.

네 번째가 아지트이다. 아무때나 부담 없이 가서 이야기하며 웃을 수 있는 곳이다. 이곳도 이성 친구 사귀듯 많을수록 좋다. 나는 아지트가 4개 정도 있었는데 10여 년이 지나는 동안 사라지고 바둑 두는 닭집 하나만 남았다. 닭도 싸게 사고 왔다갔다 지나는 동안 노점상 여자들과 이야기하면 시간 가는 줄 모른다.

내가 잠깐 동안 강남의 자곡동 하우스 마을에서 춤 교습을 한 적이 있었는데 쟁골마을 임 사장이 땅을 주어 일일 농장도 했었다. 석진네 하우스에서는 한때 매일 고스톱판이 벌어지기도 했었다. 지금은 KTX가 들어와 천지개벽을 해버려 모든 곳이 사라졌다.

가락시장 축협 쪽 강동식당은 시장 현대화 사업으로 건물이

헐려 수산시장 일부와 축협 쪽 사람들은 신축 건물로 옮겼다. 강동식당 복어 여자는 나와 식탁에 마주 앉으면 인사말이 요즈음 어떻게 해소하고 지내시냐고 질문을 했었다. 남을 헤아릴 줄 알고 기가 찬 특이한 여자였다. 오래도록 잊지 못할 것 같다.

다음은 가락본동 공원 앞쪽 민들레 노래방이다. 그 동네 살 때나 가락2동으로 이사 왔을 때도 저녁때쯤 들르면 고스톱판이 벌어지고 있다. 나는 주인 여자와 지르박을 쳐 주기도 하고 구경을 잠깐 하고 나온다. 담배 연기 때문에 오래 있기 힘들다. 밤새도록 영업하면서 고스톱을 치면서 담배에 찌들고 개를 껴안고 다니면서 갑상선 암에 걸리고 말았다. 개 주인이 담배를 피우면 반려견 암 발병률은 6배로 높게 나타난다. 사람이나 동물이나 간접 흡연이 심각한 영향을 미친다. 결과적으로 개에 담배 독이 올라 다시 그 독이 사람에게 건너가서 암에 걸리는 것이다. 가끔 그 골목을 자주 지나가는데 세상을 떠나 버려서 서운하기 짝이 없다.

마지막 남은 닭집도 가락시장 현대화 사업으로 노점상들과 다른 곳으로 이동한다는 말이 벌써 몇 년째 얘기되고 있는데 그대로 있는 것이 신기할 정도다. 수서에서 이발소를 경영했던 나 사장은 지금도 수서 아파트에 살면서 충청도 쪽에 가서 며칠을 보내고 온다. 그쪽 산골이 아지트인 것이다. 나보고 방 한 칸을 줄 테니 오라고 했으나 당일치기로 오고 가는데는 시간이 걸려 갈 수가 없었다. 그렇다고 며칠씩 있을 수도 없다. 요즈음 시골에 빈집이 너무 많아 천만 원에서 오천만 원 미만인 집이 인터넷에 자주 소개된다. 교통이 왕복 2시간 정도 걸리는 시골에 자연인처럼 아지트를 만들고 싶으나 마음뿐이다. 서울 사람들과 인연을 끊을 수가 없어서 장기간 지방에 갈 수도 없다. 인연이 계속 유지되기 위해서는 평소에 남의 약점을 들추어 내어서 험담을 하는 습관을 버리고 항상 말조심해야 한다.

하나님 핸드폰 소리에 살았다

　나는 핸드폰이 없다. 가락본동 오피스텔 3층에서 바둑 개인 사무실을 하고 있을 때 지하 노래방 여자가 빌려 갔는데 꽤 오래된 것 같다. 옆 건물이 헐리는 바람에 가락 2동으로 이사 온 지도 벌써 10년 세월이 흘렀다. 그때 당시에는 노래방이 너무 많아 2개나 운영하다 남들에게 빚을 지고 신용 불량자가 된 듯하다. 코로나가 스치고 지나간 후로 거리두기 교훈을 얻어 예전보다 노래방이 많이 사라진 느낌이다. 한국은 슈퍼, 부동산, 교회, 편의점, 노래방 등은 몰려 있는 것이 눈에 뜨인다. 식당이나 술집은 크게 지장이 없으나 미용실은 지리적 조건에 따라 영업에 지장이 있다. 같은 업종이 몰려 있으면 구청에서 관리를 잘 해야 하는데 별로 관심이 없다. 가게가 빌 경우 어떤 업종이었는지 조사해서 비슷한 업종이 들어오지 못하도록 건물주와 상의하는 것이 필요하다. 핸드폰을 받지 않았지만 동 사무소에서 문자가 오면 연락을 해주어 그런대로 세월을 보냈다. 노래방을 그만두고 직업을 바꾼 뒤로는 전화 연락을 안 해 줄 때가 간혹 있었다. 가락시장에 자주 나갔다 오는데 내가 집에 있는 시간에 전화가 오는 것이 신기했다.

 이번이 5번째 산문집인데 세 번째 산문집 『어디 쓸 만한 여자 없나』의 책이 인터넷 줌과 네이버에 표지 도서 모델로 게재되었다. 네이버에서는 뉴스 자막이 끝나면 좋을 만한 콘텐츠에도 나의 책을 소개했다. 어느 업체가 1년간 계약을 한 것 같았다. 네 번째 책 『여자보다 오래 사는 남자』는 줌과 다음에 3개월씩 나오더니 끝나고 다음의 쇼핑란에 3개월 더 나왔다. 책 내용이 코로나를 겪으면서 교회가 너무 많다면서 예수 비하 발언을 했고 북한에서 미사일을 계속 쏘아대자 DJ가 원인 제공자라면서 비판의 글을 강도 높게 게재하자 누가 방해를 했는지 알 수 없다. 한국에서 DJ와 예수를 비판하는 것은 자책골을 먹는 격이다. 그 후로 중국의 바둑 사이트에서 김대중이 북한을 도와주었던 것은 문재인과 차원이 다르다고 변명하기도 했다. 종교와 관계된 책이 인터넷에 떠오르자 하나님께서도 관심이 계셨을 것이다.

 한국은 시위가 가장 많은 나라로 1년 365일 매일 시위가 벌어진다. 시위가 없는 날은 유튜브에서 재방송을 한다. 자동적으로 하나님의 핸드폰에 입력이 된다. 나도 시위 비슷한 행동을 두 번 했다. 강남의 클리어 서울 안과 6층에서 백내장 수술을 잘못 했다고 소리 지르며 병원이 엉터리 수술을 하는데 손님이 많다며 고함을 지르기도 했다. 두 번째는 송파구청 생활보장과에 가서 살 날도 얼마 남지 않았는데 수급자를 탈락시켰다며 보장과가 아니라 사람 죽이는 과라며 담당 여직원에게 소리 지르자 남자 직원들이 경호를 하기도 했다. 양쪽 다 높은 층이고 창문으로 밖이 훤히 보인다. 평소에는 점잖지만 신경을 건드리면 옛날 근성이 나오기 마련이다.

핸드폰이 없는 관계로 SNS도 못하고 로또 예상 번호 추천도 못한다. 그 대신 인터넷 의견란에 참가해서 스트레스를 풀기도 한다. 내가 죽으면 지옥 문지기로 예약이 되어 있다면서 한국의 못된 정치인들이 오면 지옥의 생활관으로 못 들어가게 하고 대기조로 사역을 시키든지 그중에서도 죄질이 나쁜 놈은 지옥불로 직행시킨다는 내용이다. 비무장 지대에 구치소를 지어 몰아넣고 농사를 지어 자급자족시키든지 개딸들을 함박도의 경비병들에게 보내야 한다고도 했다. 추가로 이언주도 보내야 한다는 등 160개가 넘는다. 또한 이재명을 구속시키지 않는 것은 하늘의 뜻이라고 했다. 계속 그가 말실수를 하게 하여 선거전에 새로운 지도자가 나올 수 있는 틈을 주지 말자는 것이었다. 이상하게도 나의 뜻과 하나님의 뜻이 일치했는지 그 후로 북한 6·25 발언에 이어 공천 학살까지 계속 말실수를 연발하고 있었다. 원고를 정리하고 있는데 전화벨 소리가 울렸다. 남자 목소리인데 직감적으로 보이스 피싱 전화였다. 심술기가 있는 나는 심심하던 차에 골려 주기로 마음먹었다. 마작을 하려고 중국에서도 오고 전라도에서도 몇 사람 와 있는데 혹시 아는 사람 있어서 전화했느냐고 했더니 끊었다. 인터넷이 연결된 뒤쪽에서 걸어 나오는데 이상한 냄새가 났다. 문을 열었더니 주방 쪽에서 연기가 나 열 발자국 정도 뛰어가서 보니 천장에 불이 붙고 가스 줄도 다 타고 터지기 일보 직전이었다. 가스레인지 옆에 종이를 나두고 온 것이 화근이었다. 연기가 나고 냄새가 났는지 옆집 사람들이 몰려와 웅성거렸다. 반지하 형식인데도 높은 지대의 1층 같은 집이어서 밖이 다 보인다.

만일 보이스 피싱이 반발 심리로 대화를 하며 시간을 지체했으면 나는 이 세상에 없는 몸이다. 하나님께서 제일 먼저 통화할 수 있는 사람으로 보이스 피싱을 선택해 신호를 보낸 것은 아주 탁월한 선택이었다. 다른 사람들은 바빠서 전화를 늦게 받을 수도 있고 쓸데없는 소리를 늘어놓을 수도 있기 때문인 것이다. 하나님의 시선은 창조물의 모든 구석구석까지 확장시켜 어디에서나 함께 하시며 높은 하늘부터 땅의 깊은 곳까지 온 우주에 눈길이 닿지 않는 곳이 없어서 우리를 보살피느라 너무나 수고가 많으시다.

나는 하나님 덕분에 생을 이어 갈 수 있어서 감사하는 마음으로 살아가고 있다. 하나님은 처리할 일이 넘쳐나서 질서 의식이 강한 사람부터 먼저 구해 주신다. 질서 의식이 강해야 자신을 대신해 써먹을 수가 있는 것이다. 예를 들어 음주 운전이나 교통 위반으로 전과 초범이 된 자와 전과 3범인 자가 고속도로에서 추돌 사고를 내는 경우 전과 초범에게 유리하도록 사건의 결과를 유도한다. 전과자가 되면 경각심을 갖고 매사에 조심해야 하는데 예전 습성대로 또 사고를 내면 그 장소에서 즉사하든지 교도소에 가야 한다. 올바른 정신 상태를 계속 유지하면 어려운 길도 하나님께서 좋은 길로 안내해 주신다. 남들을 무시하고 자존심을 앞세우며 자신의 경험을 바탕으로 사회에 맞설 때 안 좋은 길로 가고 만다. 하나님의 뜻은 어려운 것이 없다. 자신이 오래도록 해 왔던 잘못된 습관을 조금씩 고쳐 나가면 된다. 서두르지 말고 천천이 기다릴 줄도 알아야 한다. 남들에게 편하게 하는 마음을 가지면 자신의 마음도 평온해진다. 매사에 실패하지 않기 위한 선택을 하면서 복 받을 인생이 되어야 한다.

  나의 화재 사건을 들은 사람들은 어쩌다 우연이겠지 하는 사람이 있을 것이다. 보이스 피싱 전화가 수시로 오기 때문이다. 보이스 피싱도 조직이 튼튼해서 가능성이 없는 사람들은 체크를 해서 전화를 하지 않는다. 주로 여자들을 이용하는데 나한테 혼쭐이 난 뒤로 전화가 오지 않았다. 우연도 아무에게나 오지 않는다. 자신이 길을 터놓아야 올 수 있다. 기적도 노력을 하고 정직해야 발생할 수 있다. 인간의 길에서 우연히 신의 길을 볼 수도 있고 나이가 들면 신이 되어 간다는 말이 있는데 혹시 종교인 아니냐고 질문을 할 수 있다. 나는 어느 종교 하나만을 믿지 않고 종합적으로 하나님과 관계가 있는 모든 것과 연관성을 이어 나간다. 기독교도 예수가 젊은 나이에 세상을 떴기에 나이 든 사람들과의 생각이 다를 수도 있다. 예수에 너무 치우친다는 느낌이다. 설교 시간에 목사가 예수를 몇 번이나 이야기하느냐에 따라 목사의 설교 실력이 판가름 난다. 자신은 세상을 연구하지 않고 성경에 써 있는 예수 이야기로 시간을 떼우는 것이다.

내가 강동구 명성교회에 분당 사람들을 만나러 몇 번 간 적이 있다. 노인들 코너에 와서 목사가 잠깐 기도를 하고 갔는데 그때 목사에게 한국에는 예수보다 더 똑똑한 목사가 많다고 하자 젊은 목사가 어리둥절했다. 집사가 나의 의도를 설명해 주고 있었다. 한국의 목사들이 신학에 대해 체계적으로 공부를 많이 했다는 뜻이다. 코로나 이후로 교회에 간 적이 없다. 가락시장 닭집 건너편에 분당 사는 사람이 가게를 차려 아무 때나 차를 타고 가서 분당을 산책할 수 있다. 다만 알고 지냈던 노숙자들과 인연이 끊겨 아쉬울 뿐이다.

나는 특별하게 기도문을 읽은 적이 없다. 항상 성실한 마음으로 하나님을 받들고 살고 있다. 대통령이 해외 순방을 떠나면 사고 없이 무사히 돌아오기를 간절하게 마음속으로 빈다.

불교에서 심상사성心想事成이라는 말이 있는데 내가 생각하고 상상하며 미래를 예측하면 모든 일이 이루어진다는 뜻이다. 참선하기 위해서는 국가와 민족의 미래를 위해서 좋은 일만 생각하고 부정적 이미지를 제거하고 삶의 매 순간마다 모든 생명의 평화와 안전을 위해 긍정적인 생각을 유지해 나가야 한다. 하늘은 스스로 돕는 자를 돕는다.

해외 동포들과의 유대 강화

윤석열 대통령은 2023년 10월 5일 세계 한인의 날을 맞아 축사에서 글로벌 네트워크를 강화하면서 세계 곳곳에 있는 우리 기업과 750만 동포 여러분이 함께 힘을 모아 뛸 수 있는 운동장을 넓혀 나가겠다고 밝혔다. 이날은 재외동포청이 지난 6월 출범한 이후 처음 개최된 세계 한인의 날 행사다.

새로운 기회를 찾아 시작된 120년 이민 역사는 그동안 대한민국 역량을 키워 나가는 데에 큰 힘이 됐다고 말했다. 이어 "하와이의 뜨거운 사탕수수밭과 중남미의 선인장 농장에서 번 돈은 우리 독립 자금으로 쓰였다. 파독 광부와 간호사들의 현지 송금은 우리 산업화 과정에서 소중한 종잣돈이 됐다며 대사관을 비롯해 일본에 있는 공관 10개 중에서 9개가 재일동포 기증으로 조성될 정도로 모국 사랑은 각별했다"고 소개했다.

그러면서 서울 올림픽을 할 때도 외환 위기를 겪을 때도 재외 동포 여러분이 힘을 모아 줬다며 이역만리 타향에서 역경을 이겨낸 우리 재외 동포 여러분은 대한민국 발전의 튼튼한 지원군이었다고 강조했다.

윤 대통령은 동포 여러분들이 자랑스럽다며 초기 해외 진출은 그 시작이 고되고 미미했지만 여러분의 각고의 노력으로 위대한 한국인의 이민사 경제사를 써 내려왔다고 자부심을 드러냈다. 이어 동포 여러분이 조국에 대한 긍지와 자부심을 가질 수 있도록 더 많이 기여하고 국제 사회에 더 많이 협력할 것이라며 전 세계 자유 평화 번영에 기여하는 글로벌 중추 국가 비전 실현에 동포 여러분이 함께하고 도와달라고 당부했다. 그러면서 동포 여러분이 그동안 조국을 위해 많은 뒷받침과 기여를 했지만 정부가 동포 여러분과 네트워크를 구축하고 재외동포청을 만들어 여러분을 꼼꼼하게 살피는 것은 국제주의를 지향하는 자유민주주의와 시장 경제 질서를 확고히 하려는 우리 정부 철학과도 일맥상통하는 것이라고 강조했다.

교포 정책의 기본 목표는 우리 교포들이 거주국에 잘 적응하면서 안정된 생활을 정착시키고 나아가 거주국의 지역 사회 발전에 기여하는 존경받는 구성원으로 성장토록 유도하며 모국과의 유대 강화를 통해 한민족으로서의 긍지를 가지고 자랑스럽게 살아갈 수 있도록 지원하는 것이다.

최근 시진핑이 중화민족 공동체 의식을 강조하며 소수 민족

지우는 정책을 시사하자 중국 매체들이 한국의 의사 파업과 선거에 관한 댓글 부대를 운영하고 있다. 한국 문화를 무시하는 중국인들의 버르장머리를 뜯어 고치기 위해서는 재중 동포를 도와서 한국의 위상을 높여 나가는 것이다.

최근 재외 동포 사회에서는 세대교체로 인해서 차세대 동포들의 한민족 의식이 약화되고 있어서 향후 한민족 사회와의 연계가 어려워질 수 있다는 걱정들이 많다. 글로벌 시대에 국가 경쟁력 강화를 위해서 재외 동포 청소년을 한민족 발전을 위한 중요한 자원으로 인식하고 성장과 발전을 지원해야 한다. 이를 위해 해외 동포 청소년들이 거주하는 여러 국가에 공통적으로 적용될 수 있는 정책의 개발과 함께 개별 국가별로 특수한 상황과 요구를 반영하는 정책을 수립하는 것이다. 미래 인재 역량은 의사소통 능력, 창의적 사고, 개인적 사회적 책임의식, 세계 시민 의식, 국가 정체 의식 살펴보기 등이다.

중국에 있는 동포 청소년들은 점차 중국인으로 동화되어 가고 있어서 한민족 정체성이 약화되어 가고 있고 학교 이외에 여가 시간을 지낼 수 있는 문화적 환경이 부족하여 유해 환경에 노출되어 있으며 부모들이 대도시나 한국 등으로 이주하는 경우가 많아서 부모의 돌봄이 부족하다. 내가 오래전 교포들이 많이 살고 있는 흑룡강성 목단강시에 갔을 때도 자전거와 마차 마굿간의 동물들과 골목에 생고기를 파는 가게들이 즐비하게 늘어져 있었다. 다들 아파트식 주거지에 잘 살고 있었으며 인심도 한국인들 못지 않았다. 몇 년 전만 해도 가락시장에 중국 교포들이 꽤 있었는데 이젠 한국에서 일하는 것보다 중국에 가서 일하는 것이 수익성이 높아 다시 돌아간 것 같다.

재외 동포청은 2024년 새해에도 꾸준히 재외 동포 보듬기 사업으로 사할린 동포 원폭 피해자 파독 근로자 고려인 등의 동포들과 후손들에게 지원해 주고 있다. 또한 재외 동포 사회와 모국 발전에 기여할 인재 육성을 목적으로 국내 대학 학사과정을 희망하는 재외 동포 학생을 선발해 장학금을 지원하는 사업을 매년 시행하고 있다.

여성가족부에서도 다문화 가족 자녀들에게 날개를 달아 준다. 다문화 가족의 자녀들은 다양성이라는 경쟁력을 가지고 이전에 없던 아이디어를 우리 사회에 제시할 수 있고 다른 나라와 우리나라를 잇는 가교 역할을 수월하게 할 수도 있다. 외국인 인구는 250만 명을 넘어섰다. 특히 혼인을 위해 한국으로 이주해 온 이들이 늘었다. 전통적인 한국 사회와 다른 배경을 가진 이들을 받아들이고 이들이 역량을 발휘할 수 있도록 최선을 다해야겠다.

미래의 먹거리 보고

이재용 삼성전자 회장이 2023년 추석 명절 연휴에 사우디아라비아, 이스라엘, 이집트 등 중동 3개국을 방문했다. 길어지는 글로벌 경기 침체 속에 성장성이 높은 중동에서 접점을 늘리며 신시장 개척에 나섰다는 분석이다.

이 회장은 2014년 설 연휴 미국 출장을 시작으로 지난해 추석 멕시코 파나마 사업장을 거쳐 이번 추석까지 10년째 명절 현장 경영을 이어 가고 있다.

이 회장은 1일 사우디 서북부 타북주의 친환경 스마트시티 네옴 산악터널 공사 현장을 찾았다. 네옴 터널은 삼성물산과 현대건설이 그리스의 아키로돈과 컨소시엄을 맺고 참여해 공사 중이다. 이 회장은 지난해 10월 회장 취임 직후 아랍 에미리트 바라카 원전 건설 현장을 방문한 데 이어 1년만에 다시 중동 지역을 찾았다. 특히 사우디는 스마트 친환경 미래 도시를 표방하는 네옴 프로젝트에 착수해 삼성을 비롯한 한국 기업들에게 큰 사업 기회가 되고 있다.

네옴은 서울시 면적의 44배에 달하는 규모에 인구 900만 명 이상이 거주할 수 있는 도시로 총사업비는 5000억 달러(약 670조 원) 이상으로 추산된다. 현재 삼성물산은 네옴 4개 구역의 교통망과 터널 등 인프라 시설 공사를 맡고 있다. 이 회장은 건설 현장 임직원들을 격려하는 동시에 삼성 경영진과 탈석유로 대변혁을 추진 중인 중동 지역 사업 확대 방안을 논의했다. 이 자리에서 이 회장은 중동은 미래 먹거리와 혁신 기술 발휘 기회로 가득 찬 보고라며 지금은 타지에서 가족과 떨어져 고생하고 있지만 글로벌 삼성의 미래를 건 최전선에 있다는 마음으로 과감하게 도전하자고 당부했다.

이 회장은 사우디 방문에 앞서 1일 오전에 이집트 중부 베니수에프주에 있는 삼성 공장을 찾았다. 이집트는 중동과 아프리카 시장의 교두보로 삼성전자는 2012년부터 TV와 모니터 태블릿 등을 생산하고 있다. 삼성전자는 여기에 더해 이집트에 스마트폰 생산 공장도 건설할 계획이다. 최근 두각을 나타내는 중동 스마트폰 시장 공략을 위해서다. 시장 조사 업체인 카운터포인트 리서치에 따르면 삼성전자는 올 2분기 중동 아프리카 시장에서 중국의 테그노(16%)와 샤오미(9%)를 제치고 24%의 점유율로 스마트폰 1위를 기록했다.

이 회장은 연휴 첫날인 지난달 28일에는(2023년 9월) 삼성전자 이스라엘 연구개발(R&D)센터에서 신기술 투자 현장을 보고 받고 미래 혁신 기술 확보 방안을 점검했다. 이스라엘은 인공지능(AI)과 반도체 바이오 자율 주행 등 혁신 기술 스타트업 7000여 곳이 활동하는 창업 대국으로 삼성은 신기술 확보를 위해 이스라엘 R&D 센터와 삼성 리서치 이스라엘 등을 운영하고 있다. 삼성전자의 글로벌 투자 자회사인 삼성 넥스트 역시 이스라엘의 혁신 스타트업에 투자하고 있다.

　중동은 성장 가능성이 높은 기회의 땅으로 평가된다. 세계은행(WB)에 따르면 사우디와 UAE 등 산유국으로 구성된 걸프 협력회의(GCC)의 지난해 경제 성장률은 6.45%로 세계 평균의 두 배가 넘었다. 지금까지 오일 머니로 부를 쌓아 온 중동 주요국들은 친환경 기조로 석유 수요가 감소하면서 네옴시티 같은 대전환을 꾀하고 있다. 한국 기업들엔 제2의 중동붐 기회가 열릴 수 있다는 기대가 커지고 있다. 한국인들이 중동 지역을 방문하기 시작하면서 과일에도 관심이 높아졌다. 터키는 과일값이 아주 싼 편이다. 과일 중에서 당도가 가장 높은 것은 대추야자다. 포도나 수박보다 당도가 10배 이상 높은데다가 말린 상태여서 처음 맛을 본 한국인들은 쓰러질 정도다. 윤 대통령도 중동 방문을 하면서 관심을 가졌었다.

　한국인들이 개방적인 성향을 갖고 있고 사우디 문화에 열린 자세로 수용할 준비가 돼 있으며 아랍 음식에 대한 한국인의 관심이 높아지고 중동 대표 음식인 대추야자도 한국 대형 마트에서 쉽게 구할 수 있게 될 것이라고 했다. 한·UAE간 포괄적 경제 동반자 협정이 타결되면 UAE산 대추야자가 관세 없이 한국으로 들어올 수 있어서 쉽게 맛볼 수 있을 것이다. 중동에는 가는 곳곳마다 대추야자 나무가 있다. 사우디에는 국립 대추 센터도 있어서 생산 관리 수출까지 담당한다. 아랍 속담에 대추야자 3알이면 사막을 건넌다는 말이 있을 정도다. 라마단 단식을 마치고 먹는 음식이 요거트와 대추야자다. 탄수화물 비타인 미네랄이 풍부하다. 유목 생활을 하던 아랍인들에게 대추 한 알은 칼로리와 수분과 비타민을 주는 귀한 음식이다. 여행시에는 필수품으로 싸가지고 다닌다. 나라마다 말린 음식이 많으면 유사시에 오래 먹을 수 있어서 유리하다. 얼마 동안이라도 갑자기 기후 변화와 자연 고갈 등으로 작물이 생산되지 않아 먹거리가 부족해지는 경우 위기가 온다. 최소한 한 달은 버틸 수 있어야 한다. 지속 가능한 농업과 식품 생산을 위한 연구와 기술 개발이 필요하지만 신선한 식품보다 오래 보존할 수 있는 식품에도 관심을 가져야 한다. 한 달이 지나도 지구 파괴 작업이 계속된다면 멸망하여 다같이 사라지니 어쩔 수 없을 것이다.

한국에는 특산물이 거의 없다. 인삼 굴비 사과 등이 있는데 지구 온난화시 재배가 안 되고 해산물도 마찬가지다. 사과는 잘 보관하면 오래 간다. 내가 말한 것은 유사시 임시 버틸 수 있는 탄수화물 단백질을 말한다. 가장 유리한 식품이 콩과 고구마 감자이다. 농림축산식품부 2023년 양정 자료에 따르면 한국의 2022년 식량 자급률은 49.3%였다. 높은 자급률을 자랑하는 쌀 외에 나머지 주요 곡물들은 대체로 낮은 축에 들었다. 2022년도 양곡연도 기준 자급률이 옥수수 0.8% 콩은 7.3%였다. 콩은 브라질에서 옥수수는 남미 국가에서 수입했다. 세계적으로 기후 변화가 오면 한국도 식량 위기를 겪을 수 있다. 콩 보관이 가장 유리하고 영양분도 충분하다.

 나는 콩을 국내산과 외국산 4가지를 물에 불렸다가 찌개에 넣어 대용식으로 활용한다. 밥의 3분의 2가 콩이고 쌀은 조금 들어가는 콩밥을 먹는다. 고구마는 간식용이다. 가락시장 다농에 갈 경우 외국산 콩이 있을 경우 닥치는 대로 사온다. 국내산 반값 정도이다. 콩은 오래 보관이 가능해 비상 식량으로 대치하는 것이다. 나는 지하철을 타고 경기도 쪽을 갈 경우 터널을 지나 땅이 보이면 유난히 관찰하는 버릇이 있다. 콩 생각을 한 것이다. 차선 변두리 짜투리 땅에 콩을 심으면 좋을 것 같다는 생각이 들어서이다. 한국은 산이 많다고 하지만 육지에도 노는 땅이 많다. 콩과 옥수수는 자라는데 크게 구애를 받지 않아서 아무 데서나 키울 수 있다. 먹기도 하고 가축 사료로도 좋다. 내가 가장 안타깝게 생각했던 것은 분당선이다. 상당히 긴 노선인데 농토를 많이 잡아먹었다. 역마다 도시가 형성되어 국토가 좁아진 느낌이다. 내가 경기도지사나 정부 당국자였다면 중간중간에 간이역을 만들어 농토를 살리고 도시화를 막았을 것이다. 역사상 팬데믹이라 할 수 있는 모든 전염병은 기후 변화에 의해 발생했다. 코로나가 지나가 버리자 쉽게 잊어버리면서 기후 재난 건망증에 걸리고 있다. 국가 차원에서도 다양한 대비를 해야 한다. 다행스럽게도 기후 변화 등 환경 문제에 기업들이 나서고 있다.

한국 서부 발전은 중동 지역에서 대규모 신재생 에너지 발전 사업을 수주하면서 윤석열 대통령의 지난해 아랍 에미리트 순방 성과 현실화에 앞장서고 있다. 대부분이 사막 지형인 중동은 일조량이 풍부해 태양광 평균 이용률이 한국의 2배가 넘는다. 태양광 발전에 따른 전력 생산량도 국내보다 많아 향후 발전 수익 역시 높을 것이라는 전망이다.

전 세계적으로 탄소 중립을 실현하기 위한 기술 개발 경쟁이 치열해지고 있다. 기후 위기에 따른 경제적 피해가 커지면서 전 산업에 걸쳐 이를 극복하기 위한 노력이 시도되고 있다. 최근에는 온실가스 배출을 조금이라도 줄이기 위한 기후테크 기술에 이목이 쏠리고 있다. 특히 발전 산업도 탄소 중립 달성을 위한 돌파구로 기후테크의 혁신적 기술을 활용하고 있다. 그중 가장 현실적 대안이 수소 혼소 발전 기술이다. 혼소 발전이란 기존 가스 복합 발전 연료인 액화 천연가스(LNG)에 수소를 혼합해 연소하는 기술이다. 청정 연료인 수소 비율이 늘어나는 만큼 배출되는 이산화탄소가 줄어든다. 나아가 수소 비중이 100%가 되면 무탄소 전원이 된다.

한국 농수산 식품 유통 공사는 먹거리 분야 탄소 중립 실천을 위해 저탄소 식생활 실천 운동을 이끌면서 공공기관 ESG(사회 지배 구조) 경영에서 앞서 나가고 있다. 글로벌 기후 위기에 대응하기 위한 저탄소 식생활 실천 운동이 전 세계인의 식생활 속에 자리 잡도록 하기 위한 다양한 노력을 펴고 있다.

유엔 식량 농업기구(FAO)에 따르면 먹거리 관련 온실가스 배출량은 전 세계 온실가스 배출량의 31%를 차지할 정도로 심각하다. 최근 제28차 유엔 기후 변화 협약 당사국 총회에선 기후 위기의 주범으로 지목되는 화석 연료를 감축해야 한다는 내용이 명시된 합의문이 사상 처음 도출되기도 했다. 이런 국제 정세에 맞춰 먹거리의 생산부터 가공 유통 소비 등 모든 단계에서 발생하는 온실가스 배출량을 줄이기 위해 저탄소 식생활 실천 운동 대국민 캠페인을 추진하고 있다. 이 캠페인은 ①저탄소 친환경 인증 농축산물과 탄소 흡수율이 높은 해조류 어패류 등 수산물 활용 ②유통 과정에서 탄소 배출을 줄일 수 있는 로컬푸드 중심 식단 구성 ③가공 처리 때 버려지는 식품 폐기물 최소화 ④잔반 없는 식사 등의 내용으로 구성돼 있다.

한국 서부 발전은 저탄소 발전 확대 수소 생산 기술 개발 온실가스 감축 등 건강한 에너지를 만들기 위해 탄소와 작별 중이고 농수산 식품공사는 생산자와 소비자의 연결망을 잇고 수

요와 공급의 균형점을 찾으면서 농촌과 어촌 도시의 식탁을 지속 가능하게 연결하는데 주력하고 있다. 국민 10명 중 8명 이상이 기후 변화 문제가 심각하며 정부의 적극적인 대책 마련이 필요하다고 느끼고 있다. 행정안전부는 지난해 하반기 국민과 전문가를 대상으로 안전 체감도를 조사한 바 있다.

행안부는 2019년부터 안전에 대한 국민 의식 변화를 조사하고 있다. 기후 변화와 자연재난 발생에 영향을 미치고 폭우 홍수 태풍에 불안감을 느끼고 있는 것이다.

유럽의 기후변화국이 2023년 2월부터 2024년 1월까지 1년 동안 지구 평균 온도가 1.52도 상승했다고 밝혔다. 전문가들은 지구의 온도가 1.5도 이상 올라가면 해수면 상승 생태계 파괴 등 심각한 문제가 발생할 것으로 보고 있다. 기후 변화 문제가 기후 위기를 넘어서 기후 재앙으로 가고 있다는 경고가 지속되면서 신기술을 이용해 지구 온도 상승을 막아 보려는 과학계 움직임이 늘고 있다. 대기 중에 미세입자를 뿌려 태양광 반사를 피하고 바다에 화학물질을 투입하는 등 과거에는 부작용을 우려해 꺼렸던 방식도 시도하고 있다. 호주에서는 공중을 향해 소금을 뿌리기도 하고 중동 쪽에서는 에어로졸을 상공에 뿌려 날씨를 흐리게 하는 방식도 시험 중이다. 미국 역시 휴양지에 양잿물 같은 성분인 수산화나트륨을 투하하기도 하면서 AI가 모니터링하고 있다. 이처럼 기후 변화는 동식물에 신체 변화를 일으키고 서식지가 함몰되어 가면서 인간의 먹거리에 지장을 초래한다. 내가 평소에 신기하게 생각하고 있는 것은 전 세계적으로 바다의 물고기를 잡아도 잡아도 끝이 없이 고기가 나온다는 점이다. 하나님의 섭리가 분명하다고 생각할 뿐 나의 상식으로는 이해가 가지 않는 대목이다.

국내 이동통신 산업이 40주년을 맞았다. 자동차보다 비싼 카폰을 시작으로 최근 5세대(5G) 이동 통신까지 엄청난 속도의 발전을 이뤄 냈다. 전 국민이 항상 사용하는 서비스인 동시에 인공지능 자율 주행 도심 항공교통 등 새로운 서비스를 위한 필수 인프라 역할을 하고 있다. 통신사들은 세계 최초 상용화 경험을 바탕으로 해외 사업을 적극적으로 펼쳤다.

SK텔레콤은 유럽 도이치 텔레콤 대만 타이완모바일 미국 괌 IT&E 등의 해외 이동통신사에 5G 기술을 전수 수출했다. KT는 사우디아라비아 베트남 등에 5G 네트워크 설계 컨설팅을 진행했다. 같은 시기 LG유플러스도 중국 일본 등에 5G 솔루션을 수출했다. 통신 3사는 새로운 먹거리를 찾는 중이다. SK텔레콤은 지난해 9월 AI 피라미드 전략을 발표했다. AI 투자를 세 배 이상 늘려 세계적인 AI 기업으로 성장하겠다는 계획이다. KT도 지난해 10월 자체 초거대 AI 믿음을 발표하는 등 AI 사업을 확대하고 있다. LG유플러스는 지난해 6월 유플러스 3.0이란 이름으로 사업 전략을 발표하고 플랫폼 기업으로 변화하겠다는 목표를 내걸었다. 2023년 7월 기준 통신 3사의 비통신 매출 비중은 SK텔레콤이 약 20% KT 40% LG유플러스는

20% 수준이다. SK텔레콤과 KT는 이 비중을 내년까지(2025년) 각각 36%, 50%까지 늘릴 계획이다. LG유플러스는 2027년까지 40%로 확대하는 게 목표다. AI 확산에 따른 거대한 변화 물결로 새 먹거리에 도전하고 있는 통신 3사가 심상사성하기를 기원한다.

무엇을 믿을 것인가

생명이란 개념은 아주 폭이 넓고 광범위하다. 사람들은 지적인 영혼이 발현되는 곳에서는 물론이고 식물적인 영혼이 나타나는 곳에서도 생명의 존재를 인정한다. 인간이 대지 위에서 살고 있어서 산이나 대지도 생명이 있다고 주장한다. 인간의 생명은 태아가 잉태되는 순간에 하나님이 영혼을 태아 속에 넣는다. 새로운 존재가 탄생하는데는 많을 시간이 소요되는데 두 요소의 사랑의 귀결로 나타난다. 생명 과정의 출발점은 얼굴이 중심이 된다. 정상적인 인간이 되려면 생명의 문턱을 밟아 나가야 한다. 성년이 되기까지는 여러 교육을 통해 각별한 통찰력 윤리관을 심어 주어야 한다. 부모가 자녀의 한 인간으로서의 생명을 존중한다는 것은 한 사람을 책임지는 행위이다.

세계적 분열의 흐름에서 나타나듯이 러시아 우크라이나 전쟁으로 미성년 아이들이 정상적인 교육을 받지 못한데 대해서는 전쟁의 주동자 살쾡이의 얼굴을 가진 푸틴이 책임을 져야 한다.

한국도 6·25전쟁 여파로 환경이 안 좋은 집안에서 자라나 정상적인 교양 교육과 체면 교육을 받지 못하고 자라다가 성인이 되는 과정에서 암기 교육만을 터득하여 법조인이 된 사람들이 꽤 있다. 이 사람들은 어려운 문턱을 밟고 사회생활에 뛰어들었지만 세 살 버릇 여든 간다고 영혼의 힘이 점차 빠져나가 자신도 모르게 사리에 맞지 않는 행동을 하고 있는데 국민과 하나님의 심판이 기다리고 있을 뿐이다. 정치인 중에 분명히 살모사나 쥐눈박이 눈이 있는데 얼굴을 변장시켜 인간이 되어 사람의 말을 하더라도 동물의 기질이 나타난다. 하나님의 실수라기보다는 태아의 부모 사생활이 마음에 들지 않아 관심을 두지 않으면 가끔 기이한 현상이 벌어진다. 반대로 동물들 중에서 사람 이상으로 행동하는 모습을 가끔 볼 수 있다. 똑같은 시간에 인간과 동물이 태어나다 보니 간혹 영혼이 바뀌는 경우도 있다. 사랑의 귀결로 태어나야 하는데 합의에 의한 것이 아닌 강압적인 성관계로 태어난 사생아들이 많을수록 사회는 더욱 혼란해진다. 하나님의 은총을 받지 못하고 태어났기 때문이다.

믿음이란 무엇인가. 자신이 믿는 세계는 진짜이고 남들이 믿는 것은 가짜라고 생각하는 경향이 팽배해지고 특히 대한민국의 각 지방색이 말해 주고 있다. 너무 사기꾼들도 많아 사기천국이 된 지 오래다. 여기에는 하나님의 사랑을 받지 못한 판사들도 끼어 있다. 인간, 새, 개, 고양이가 있다면 믿음의 순서는 아마 새, 개, 인간, 고양이 순서가 될 가능성이 높다. 이것저것 아무것도 믿지 않는 사람들도 늘어나고 있다. 한국인들이 이렇게 변질된 이면에는 미국이 자리 잡고 있다. 오랫동안 일방적으로 믿기만 했기에 북한 핵 만드는데 유리한 정책을 펴왔다.

  내가 인터넷 의견란에 미국을 바닷속으로 영원히 빠트려 버린다고 한 적도 있다. 북한을 인간적으로 믿고 도와주었던 김대중, 노무현도 결과물이 좋지 않아 미국에 동조하는 꼴이 되고 말았다. 미국이 김대중의 안전을 도모한 것도 다 이유가 있었다. 부모의 고향 생각에 향수에 젖어 있던 문재인은 김대중, 노무현의 후광으로 권좌에 올랐으나 사악한 얼굴의 트럼프와 두더지 얼굴의 꼬맹이 김정은, 천진난만한 얼굴을 가진 문재인 세 사람이 궁합이 맞아떨어져 북한이 핵을 완성하는데 결정적 역할을 하고 말았다.

  북한의 위상이 높아지자 서해안과 동해안 여러 섬에서 숨죽이고 살던 북한파들이 김일성 사상의 처음처럼 다시 일어날 꿈을 꾸고 있다. 송영길이 인천의 지역구를 물려주고 목포의 박지원이 새카만 후배를 옹호해 주는 것도 믿는 구석을 더 확보하기 위함일 것이다.

  믿음이란 상대를 이해하고 받아들일 수 있는 마음이다. 상대가 마음에 들지 않을 수도 있지만 그러한 것도 이해하며 받아들일 수 있는 마음이다. 부모가 생활 관념이 투철하고 좋은 환경에서 자란 자들은 대부분 사회생활에 쉽게 적응하면서 관직에 오른다 해도 남들에게 피해를 주는 일은 하지 않고 오히려 주민들의 처지를 헤아릴 줄 안다. 참된 믿음이란 객관적 사실에 대한 확신이다. 그것들의 바라는 것이 이미 이루어진 것으로 여긴다. 믿음에서 중요한 것은 보이지 않는 것들을 이어 받는 것으로 믿는 것이다. 사람들이 무엇을 믿고 있는지는 관찰을 통해 알아내는 것이 그들의 입을 통해 알아내는 것보다 쉽다. 무엇을 믿는다고 하면서 그것과는 다른 무엇인가를 경험하고 있는 사람은 믿는다는 그것을 정말 믿는 것이 아니라 그것을 믿어야만 한다고 믿고 있는 것이다. 개인의 현실은 그 사람이 정말로 믿고 있는 것을 반영한다. 그러나 그가 믿는 척 하고 있는 것과 항상 같지는 않다. 세상의 물결의 흐름에 따라 믿음이 변하기 시작한다. 모든 것은 연관되어 있어 자신도 모르게 변한다. 어렸을 때 정직하고 신념이 강하다는 평을 들었지만 자신도 모르게 지역 특성상 전통적으로 이어 오는 당을 믿는다. 신분이 안 좋은 사람이 당대표가 되어 여론의 질타를 맞아도 개의치 않는다. 투표할 수 있는 나이가 되면 선과 악을 뚜렷하게 구분할 줄 안다.

본래 인간의 본성은 칭찬보다는 비판에 능숙하고 신뢰보다는 피해의식과 불신을 갖기 쉽다. 상대의 장점보다는 단점을 먼저 보는 습성도 가지고 있다. 특히 공직자들은 항상 피해의식을 가질 수밖에 없다. 그런 가운데 죄질이 나쁜 대표가 자신과 비슷한 성향을 가진 자를 추천하여 선거에 나가게 해도 무조건 지지하고 보는 것은 이중적인 인간들이 할 수 있는 처신이다. 작금의 민주당 이재명 대표는 이러한 전통적인 믿는 구석이 확실하다는 것을 절실하게 느끼면서 더욱 방자한 행동을 서슴지 않고 재판이 열려도 선거 핑계를 대고 나가지도 않으면서 자신을 적대시할 우려가 있는 후보는 가차 없이 자르고 만다.

조국신당도 이재명식으로 재판이 진행 중인 사람들이 다수 모였지만 호남 충청을 시작으로 수도권에서까지 이재명 당을 앞서 나가고 있다. 정부를 견제할 세력으로 눈에 들어오기 시작한 것이다. 중도층까지 신경써야 하는 민주당으로서는 투지력 경쟁에서 위기가 오고 있다. 선거 여론 중에는 이것도 저것도 아닌 무당파가 있다. 중립적이어서 좀 더 상황을 주시하며 신중하게 결정하는 건지 아예 아무것도 몰라서 체념 상태인지 속마음을 알 수 없다.

이스라엘과 하마스 전쟁에서 휴전선을 긋고 중립 지대를 만들자는 여론도 있었다. 한국의 비무장지대인 중립 지대를 의식한 발언이다. 중립 지대는 혹독한 대가를 치르고 난 뒤의 결과물이다. 보통사람들도 사건이 생겨서 이별을 하고 나면 인생의 전환기를 맞게 된다. 이럴 때는 몸을 사리며 중립적인 생활을 하면서 부정적인 것과 혼란을 잠재우며 위기를 기회로 바꿀 수 있는 전환점을 만들 수 있다. 중립 지대는 얼마나 충실히 거치는가에 달려 있다. 그러나 믿음에는 중립 지대는 없다. 나 자신의 신앙을 정확히 점검하고 자기만족에 빠지지 말아야 한다. 창조주이신 하나님을 훈련된 적극적인 믿음으로 선택해야 한다. 믿음은 좋은 일이 멀리서 다가오게 한다. 보이지 않는다고 해서 시간이 걸린다고 방심해서는 안 된다. 우기고 바라고 소망하는 것들을 확신하기 때문에 앞으로 실제로 일어날 수 있는 일들을 생활의 토대로 삼아야 한다. 믿음이란 결국 하나님이 권숭을 믿고 의지하고 주위의 사람들과 다 함께 확고한 발판을 만들어 가는 것이다.

더 늦기 전에 인연 정리

　대체적으로 인연이 생기면 오래 가기를 기대한다. 인생을 살면서 만나고 헤어짐은 인연의 끈으로 이어지는 필연적인 운명이다. 잠깐 스쳐 가는 짧은 인연이 인생에 크게 도움이 되는가 하면 오랜 세월 동안 유지되어 온 긴 인연이 화를 일으키며 떠나기도 한다. 지혜를 타고 나거나 남의 경험을 책을 통해서 터득한 사람은 어느 정도 직감이 와서 미리 예방을 하지만 순진하기만 한 사람들은 스스로 감당해 내기가 어려워진다. 멀리서 쳐다만 보는 인연도 있고 지나가는 인연도 있다.
　정치 지도자의 좋은 정책이 자기의 진로와 맞을 수도 있고 언뜻 안면이 있는 사람 말 한마디에 믿고 행동하다 큰 손해를 보기도 한다. 한국이 사기 천국이라는데 사기는 돈 욕심이 많은 사람들의 얽히고설킨 인연에서 비롯된다. 큰돈을 벌게 해

주겠다며 감언이설로 작은 돈을 빌려 갚지 않는다거나 처음에 이자를 많이 주는 척하다가 사라진다. 나이가 들어가면 좋은 인연 나쁜 인연 가리지 말고 될 수 있으면 사람들을 멀리하는 것도 하나의 방편이다. 마음이 편해지면 노화 방지에도 도움이 된다.

모든 세상만사는 순리가 있어서 초심을 잃지 않아야 한다. 열심히 노력만 한다고 성공하는 것이 아니고 자연의 섭리를 자연스럽게 받아들일 줄 알아야 한다. 더 늙기 전에 옛날 인연들과의 만남을 필름을 돌리듯 회상하면 어떤 사람이 자신에게 도움을 주었고 피해를 주었는지 나타난다. 마음의 여유를 갖고 도움을 준 사람들을 찾아 조금이라도 보답을 하면 그것이 바로 인생 성공의 지렛목이다.

복내면 소재지 부흥다방 딸이 방에서 기타를 치며 하는 말이 옷만 잘 입으면 미남으로 보인다고 한다. 엄마가 면직원과 중매를 서려고 한다. 이 두 마디는 나의 운명을 바꾸어 놓았다. 광주에서 온 지가 얼마 되지 않아서 나와 이야기한 적도 없는데 내가 다방을 많이 도와주고 있다는 이야기를 여러 사람에게서 들었는지 친근감을 나타냈다. 정류소 다방과 다방 문제로 안 좋은 일이 있었는데 정다방 조카를 맥주병으로 머리를 쳐서 경찰서에 갔다 온 이야기를 들었는지도 모른다. 다방이 식당을 겸하고 있어서 가끔 식사도 하고 다방에 앉아 있는 시간이 많은 편이었다.

우리 마을은 100가호가 넘는 집성촌이어서 동네 마을 앞에는 남녀공학 중고등학교가 있다. 나는 시골에서 학교를 전혀 다니지 않았기에 선후배 관계가 없어서 가끔 트러블이 생기기도 했다. 더군다나 5일에 한 번 서는 장터엔 자연스럽게 건달들이 많을 수밖에 없다. 나는 가끔 초중고 서무과 직원들을 집으로 끌어들여 장터 건달들과 삼봉(6백 비슷)을 쳤다. 처음에 광주에서 내려올 때는 집이 천 평이어서 가축도 기르고 공부(방송통신대)를 하려고 했었는데 건달들과의 인연으로 계획이 틀어지고 말았다.

자전거를 안 타고 5리나 되는 길을 걸으면서 다방 딸 순남이의 말이 자꾸 떠오르면서 정신이 번쩍 들었다. 넓은 한옥집을 관리하기 위해서는 결혼을 하는 것이 급선무인 것이다. 낮에 다방에 나가는 일을 줄이고 밤에는 일주일에 한 번만 모이기로 했다. 마침 3개월 후에 지방 공무원 시험이 있다고 해서 주야로 식사를 거르면서 공부를 했다. 광주의 조선대 산하 학교에서 시험을 치르는데 18:1이나 되어서 잊어버리고 있었는데 1차 합격 시험 소식이 들려왔다. 제일 좋아한 사람은 면장(윤관순)이었다. 길에서 보더니 축하 인사를 하면서 반겨 주었다. 공무원들이 직무 시간에 무슨 다방 아가씨를 부르냐면서 가끔 면사무소 배달을 못하게 한 것을 면장이 알고 있었을 것이다. 그러나 2차 채용 신체 검사에서 폐결핵 증상으로 채용이 안 되고 말았다. 불규칙적인 생활을 한 것도 있지만 초등학교 교감

댁이 식당을 하는데 돈을 빌려 주고 가끔 식사를 했는데 부인이 폐가 좋지 않아 전염되었는지도 모를 일이다. 비 오는 날 대나무밭 쪽에서 두꺼비가 나오는 것을 잡아 가지고 혹시나 폐가 좋아질 것 같은 기분이 들어 끓여 먹었는데 독이 올라 장터 병원에서 하룻밤 신세를 지고 말았다. 만일 병원이 없었다면 다른 곳으로 가는 동안 독이 올라 죽었을 것이다.

어쩔 수 없이 아까운 집을 내팽개치고 서울의 인연이 시작되었다. 형님의 도움으로 1년 정도 치료를 하고서야 완치가 되었다. 중증 환자여서 필기 시험에 떨어져 신체검사를 받지 않았으면 죽은 인생인 것이다. 요즈음 의료 시설이 발달한 시대에도 결핵이나 폐암으로 죽는 사람이 많은데 옛날에는 무슨 병인지도 모르고 있다가 죽는 사람이 많았다. 다방집 딸과의 인연으로 목숨을 건지고 서울에서의 인연이 시작된 것이다. 서울에서도 기기묘묘한 인연이 펼쳐졌지만 지난번 책에서 가수 김세화 엄마 등 여러 이야기를 썼기에 줄인다.

생사를 가리는 절대적인 인연은 타고난 기질과 규칙적인 환경 자신의 경험에 의해서 이루어진다. 자기만의 고유한 특성을 가지고 태어났기에 어떤 문제에 봉착했을 때 해결하는 방식이 그 사람의 특성에 좌우된다고 본다. 어떤 것을 선택할 때나 사람과 대화할 때 각자 본인의 방식이 우주의 섭리와 맞는 경우 좋은 방향으로 나가지만 반대일 경우 운명의 끝자락으로 떨어지는 것이다. 쉽게 설명하면 사람들이 매일 제명에 못 살고 죽는 것을 어떻게 바라볼 것이냐이다. 부모로부터 타고난 유전자가 작용하지만 어렸을 때의 환경도 크게 좌우한다. 사람이 태어날 때 어떤 가문에서 태어났느냐도 중요하다. 좋을 인연이 생길 수 있기 때문이다. 강남에서 활동하게 된 것은 방학 때 시골에 가서 아이들과 친하게 지냈던 결과이고 송파에서 현재까지 거주하고 있는 것은 광주의 서석동 친구로 인한 것이어서 크게 두 줄기 뿌리가 형성된 것이다.

지난번 책에서 자세한 내용이 설명되어 있지만 나보다 먼저 서울에 올라와 사업들을 하고 있었는데 그중에서 방산시장 쪽으로 자주 나가다가 신사동에 사는 사람과 인연이 되어 카바레와 나이트클럽 지배인을 거쳐 무도관까지 하게 된 것이다. 가락동 인연도 수서 쪽의 자곡동에서 춤 교습을 마치고 가락동에 바둑 사무실을 얻으려고 하는 찰나에 로또 도시가스 소장 직원이 오피스텔을 소개해 주어서 지금까지 여러 곳으로 이동하게 된 것이다. 소장 친구도 거의 20년이 지나 내가 자주 가던 강남의 동경 카바레에서 재회하게 된 것도 신기하기 짝이 없다. 참으로 인연이란 묘할 묘자다.

오늘을 살아가며

제2부

AI 의존도가 높아지면 생기는 일

　AI에게 일을 잘 시키는 개인이나 회사가 경쟁에서 유리하다고 한다. 금융시장의 데이터 분석, 기업의 생산성, 회사의 비즈니스 모델 활동을 떠나서 일반 대중이 인공지능을 이용해 창의성을 더 키울 수가 있느냐가 문제의 초점이다.

　인간은 경제와 관계된 일에서 가끔 사고를 친다. AI도 사회 경제적으로 미친 영향이 큰 만큼 그 위험도가 높게 나타날 수 있다. 미디어 시대에서 생성형 AI로 업무에 필요한 지식을 제공받는 것은 필요하지만 가짜 정보를 전달받을 수도 있다. 사회에서 일어나는 여러 뜬소문을 정치 쟁점화시켜 파장을 일으켰던 정치인 몇 사람이 떠오를 것이다. 대통령 해외 순방 때마다 조그만 약점을 잡아 떠들어 대는 의원들을 애교로 봐줄 수도 있겠지만 러시아 우크라이나 전쟁이나 이스라엘 하마스 전쟁, 북한의 도발을 가짜 뉴스로 전한다면 문제가 심각해진다. 뉴스 채널에서는 어떤 가짜 정보를 진짜처럼 전달받아 뉴스화했다가 다시 오보로 정정한다 해도 잔감이 남아 환각 상태에 빠지기도 한다. 주식시장의 가치 손실이나 잘못된 의학 상식으로 피해가 생길 수도 있다.

가짜 뉴스를 단속할 1차 책임은 SNS 플랫폼 업체에 있지만 수시로 흘러나오는 뉴스를 구분하여 차단하기는 불가능하다. 가짜 뉴스를 차단하기 위해선 SNS 기업뿐 아니라 사용자의 주의가 필요하다. 사용자들이 게시물에 경각심을 갖고 출처를 확인하는 습관을 들일 수밖에 없다. 게임 속 장면이 실제 격추 모습으로 둔갑 가짜 영상에 순식간에 수백만 명이 속아 넘어가기도 했고 2023년 11월 5일에는 일본 총리의 가짜 영상이 확산되었는데 다른 동영상에서 총리의 음성을 추출 AI에 학습시켜 가짜 음성을 만들고 동영상에는 희미하게 입을 나불거리는 모습을 보여 준 것이다. 이것도 수백만 명이 속았는데 25세의 남성이 재미 삼아 1시간 동안 걸려 제작한 것이었다.

대통령실은 2024년 2월 23일 윤 대통령의 사진 영상과 음성 등을 조작해 만든 가짜 동영상이 퍼진 것에 대해 허위 조작 영상에 강력히 대응할 방침이라고 밝혔다. 방심위는 지난 22일 정보통신 심의 규정 등에 따라 사회 혼란을 야기할 우려가 있는 것으로 보고 신속하게 심의 결정했다고 밝혔다. AI를 이용한 영상에는 대통령의 험담이 나열해 있었다.

한국인들도 남 따라하기를 좋아한다. AI 비서가 업무를 대신해 주기도 하고 AI 로봇이 경호원 노릇을 할 수 있는 시대가 되어 기업에 종사하는 사람들이 여유를 갖게 되었다. 일상적인 작업의 자동화를 가능하게 하여 개인과 기업이 더 복잡하고 창의적이거나 전략적인 작업에 집중할 수 있는 시간을 확보할 수 있다.

기술이 발전함에 따라 AI가 직접 법률 문서를 작성하는 등 리걸테크(법률정보기술)가 빠르게 고도화되고 있다. 로펌들은 업무 효율을 더 높이기 위해선 법원의 판례 데이터가 더 많이 인간에 개방돼야 한다고도 했다. 법도 기술로 해결하는 시대가 지속되면 IT기술 발달로 법률 서비스 영역이 다양한 분야에서 활동 가능하게 될 것이다. AI 변호사 프로그램이 진행되면 손쉽게 자문을 받을 수 있다. 변호사 업무에 도움이 되는 보조 역할도 할 수 있겠지만 사기 브로커들이 사라지고 사회 질서에 도움이 된다. 내가 책을 쓸 때마다 한국에 사법시험 제도가 없었다면 문재인, 이재명, 홍준표 같은 어렸을 때 가정 환경이 나쁜 사람들이 정치계에 진출할 수 없어서 한층 평화로운 시대가 펼쳐졌을 것으로 예상한 바이다. 변호사가 정치를 하면 변호사 자격을 박탈해야 섣불리 정치에 뛰어들지 않았을 텐데 아쉬울 뿐이다.

미국이나 한국이나 판사들이 세상을 요리하고 있다. 정치인들 판결을 몇 년씩 선고를 늦추기도 하고 기각 무리수를 두기도 한다. 세상에서 활개를 친다 해도 진리를 거스를 수 없다. AI 판사를 등장시키라는 말이 자주 등장할 정도로 한국의 판사들 위신은 땅에 떨어지고 자신들의 후손들에게도 부끄러움으로 남을 것이다. AI가 전 세계의 공동 화두로 떠오른 지 얼마 되지 않아 국제기구의 제안이 나온 것은 앞으로 AI가 가져올 경제 정치 사회적 변화가 클 것으로 예상되기 때문이다. 영국과 미국은 인공지능 부작용에 대한 우려가 커지면서 AI 기술을 감독 규제하는 국제기구를 신설해야 한다고 했다.

바이든 대통령은 2023년 10월 30일 AI 규제안을 담은 행정명령에 서명하기 전 가진 백악관 브리핑에서 AI가 기술의 발전을 가속시키면서 앞으로 우리는 지난 50년간 겪었던 변화를 5년 안에 겪게 될 것이라며 다른 방법은 없고 AI는 무조건 통제돼야 한다고 했다. 이날 AI 사기꾼들이 여러분들의 목소리를 3초 녹음하는 것으로 가족들과 여러분을 속이기에 충분한 결과물을 만들어 낸다며 나도 내것(딥페이크)을 본 적이 있는데 내가 언제 저런 말을 했지 하고 의심할 정도라고 했다.

미국 정부는 허위 정보를 제공하거나 차별 발언을 하는 것과 같은 AI에 문제점을 찾아내는 공격조(레드팀)를 구성해 신규 AI 모델의 안전 점검을 맡길 계획이다.

우리는 시대가 어려운 처지에 놓일수록 진짜와 가짜의 경계선에 살게 된다. 파이어플라이FireFly라는 강력한 생성 인공지능 솔루션을 사용하면 초 단위로 가짜 이미지를 마음대로 생성해 낸다. 주어진 인물 사진에서 머리 색깔, 옷, 넥타이 배경 그리고 주변 인물 등을 마음대로 바꿀 수 있다. 프롬프트라고 불리는 명령만 입력하면 된다. 이렇게 되면 사건이 발생한 시간과 장소 그리고 동반자 등을 조작할 수 있다. 그러면 사실이 바뀌고 만다.

생성 인공지능의 시초로 GAN 모델이 있다. 기본적으로 가짜 복제품을 만드는 인공지능 모델이다. 이것은 가짜를 만드는 생성기와 진짜와 가짜를 구별하는 판별기로 구성되어 있다. 여기서 생성기는 가짜를 최대한 진짜같이 만들도록 학습하고 판결기는 끝까지 가짜를 구별해 내도록 학습한다. 생성기는 일종의 범인이고 판결기는 이를 찾는 경찰이 된다. 이들이 서로 경쟁하면서 학습해서 진짜 같은 가짜를 만들어 낸다. 지금까지는 인공지능 생성 기술의 개발과 확산에 대규모의 인력과 인프라 그리고 자본이 투입되었지만 이제 가짜의 판독에도 마찬가지의 대규모 투자가 필요한 시점이 된 것이다.

AI 군비 경쟁이 시작됐다. 북핵과 AI 중 무엇이 전쟁 발발의 가능성을 높이고 인류를 더 위협할지는 이미 답이 나와 있다. 생성 AI의 기반이 되는 대규모 언어모델(LLM) 기술이 AI 경쟁의 핵심 전략 무기다. 인간의 능력을 넘어설 수 있는 AI가 실존적 위협으로 떠올라 핵무기를 능가할 수 있다. 핵무기는 보유만 할 뿐 자신에게 미치는 영향도 커서 사용할 수 없지만 LLM은 전 산업에 걸쳐서 사용하며 교란 작전을 펼 수 있기 때문이다. AI 시대의 LLM을 가진 나라는 미국, 중국, 한국 뿐이다. 뒤늦게 프랑스, 영국, 독일, 인도, 사우디, 아랍 에미리트 등이 LLM에 투자하고 있다. 북한이 소스라치게 놀라 자빠지면서 호들갑을 떨며 도발을 강조한 것도 다 이유가 있었다.

앞으로 시간과 장소를 불문하고 언제든지 대화할 수 있는 AI 활용은 고독을 달래 주는 수단 중 하나가 될 것이다. 1인 가구는 외로움을 달래기 위해 개나 고양이를 키우기를 선호하는데 여러 가지 관리 시스템에서 부작용이 생길 수 있다. AI와 고민을 털어놓고 대화할 수 있다면 동반자 같은 존재가 되면서 업무에 관계된 일에도 도움을 받을 수 있을 것이다.

전쟁 시대의 뚝심 있는 대통령

국방부는 2023년 12월 19일 3국이 북한 미사일을 실시간으로 탐지 및 평가해 자국민의 안전을 보장하고 관련 능력을 향상하고자 경보 정보 실시간 경유체계를 구축했다고 강조했다. 이는 한, 미, 일 정상이 지난 8월 캠프 데이비드 정상회의에서 북한의 핵 미사일 위협에 더 효과적으로 대응하기 위해 연내 3국간 실시간 정보 공유체재를 가동하기로 합의한 후 4개월만에 이룬 성과다.

캠프 데이비드 정상회의 공동성명의 전반부는 한, 미, 일 협력관계를 통해 무엇을 할 것인가에 중점이 주어졌다. 이 역사적 계기를 맞이하여 우리는 모든 영역과 인도 태평양 지역과 그 너머에 걸쳐 3국 협력을 확대하고 공동의 목표를 새로운 지평으로 높이자고 약속했다. 한, 미, 일 협력은 우리 국민들만을 위해 구축된 파트너십이 아닌 인도 태평양 전체를 위한 것이라고 다짐했다. 지역적 도전 도발 그리고 위협에 공동 대응을 강조했다. 이를 위해 정보를 공유하고 메시지를 동조화하며 대응 조치를 조율하기 위해 3국간 소통을 강화한다. 한, 미, 일 해양안보협의 프레임 워크 등을 통해 동남아시아 태평양 도서 국가에서 해안 경비대와 해양법 이행 역량 수립 및 해양 영역 인식에 중점을 두고 파트너국의 역량 수립을 위한 노력들이 조율될 수 있도록 3국 해양 메커니즘을 수립할 것이다.

  미국은 한국이나 일본 등의 전통적인 동행뿐 아니라 궁극적으로는 제1열도선 주위에 있는 우방국들의 군사력까지 통합하고자 한다. 중국의 군사력과 경제적 규모가 이미 매우 커져서 미국 혼자 힘으로는 감당하기 어렵다는 게 미국의 주장이다. 동맹국과 우방의 군사력까지 네트워크로 통합해 중국을 억지하겠다는 것이 바로 통합 억지다. 민주당식으로 일본이 반성할 때까지 계속 단절 정책을 구사해 왔다면 현재의 한국은 어떻게 되었을지 끔찍한 일이 발생했을 것이다. 하나님이 보우하사 우리나라 만세다.

  윤 대통령은 앞으로 수십 년 수백 년 동안 양국에 손해 볼 일만 남는다며 결단을 내린 것이다. 응급 조치를 한 셈이다. 신체적으로도 이재명이나 이준석은 조선 시대의 DNA가 존재한다. 과거사에서 미국이 일본에게 중국을 맡겼다면 한국은 중간 지대에서 아주 자유스럽게 살았으며 전쟁의 많은 인명 피해도 보지 않았을 것이다.

　우리 조상들의 한가로움을 따지려면 삼국 시대까지 거슬러 올라가야 할 것이다. 젊은층을 대상으로 한류를 가속화시켜 전반적인 호감을 통해 한국 특산물 수출 시장을 확대해 나가야 할 것이다. 선거철이 되자 이재명은 신한일전이라며 아직도 세상을 읽지 못하고 있다. 한겨레 신문 성한용 기자는 재정 건전성이 위협 받는다며 정부를 공격하면서 정치적 회복 협상과 타협을 강조하며 이재명과 민주당이 사는 것이라고 옹호했다. 정부의 기업의 구조조정을 위한 건전재정 원칙을 세운 것에 대해 이념보다 민생과 경제적 집중을 강조한 발언이지만 전과자에다 온갖 비리에 휩싸인 이재명을 정상적인 인간으로 인식한다는 것은 제정신이 아닌 얼빠진 인간임이 틀림없다. 어떻게 그런 사고방식으로 기자 생활을 해 왔는지 지나가는 고양이가 웃을 일이다. 소가 웃는다는 말을 자주 하는 거간 인생 박지원과 다를 바가 없다. 문재인 역시 헤아릴 수 없는 잘못을 저질러 놓고 이재명이 자신의 옛 동료를 공천 학살시켰는데도 믿는 구석이 오직 민주당이어서 선거 운동에 가담하면서 부끄러운 얼굴 안색조차 보이지 않았다.

　윤 대통령이 한일 관계를 개선하였기에 위상이 높아지고 만천하에 호령을 하게 되었다. 그러나 유럽 쪽에서는 아직도 전쟁이 끝나지 않은 변방국 정도로 인식하고 있는 국가들이 많아서 사우디보다 점수를 깎여 엑스포 부산 유치에 차질이 생겼다.

　러시아는 2024년 1월 26일 한국 정부가 우크라이나를 지원하는 무모한 행동 탓에 양국 관계가 무너질 수 있다고 강하게 경고했다. 자하로바 대변인은 한국은 미국의 요청에 따라 비우호적 조치를 했다면서 한국의 경제와 산업에 피해를 줄 것이라고 말했다. 러시아는 북한과 무기 거래 의혹도 부인하면서 한국 국방장관의 개인적인 의견을 질타한 것이다. 한국이 어떤 무기도 우크라이나에 주면 적대 행위로 간주하고 북한에 최신 무기를 제공하여 대가를 치르도록 하겠다며 러시아 외무장관이 협박했다.

　우크라이나 전쟁은 핵을 가진 러시아가 불법적으로 침략하여 시작되었다. 핵을 가진 북한과 마주하고 있는 우리의 상황과 무관하지 않다. 우크라이나의 자유와 민주주의를 지키도록 지원하고 우군이 되어 주는 것은 전쟁을 경험한 한국으로서는 세계의 무대에서 우리의 국익을 지키고 미래의 안보를 수호하는 길이다.

　윤 대통령은 폴란드를 순방하고 귀국길에 우크라이나를 방문해 젤렌스키 대통령과 2023년 7월 15일 정상회담을 가졌다. 당장 한국으로 가도 수해 상황은 크게 바꿀 수도 없다. 오는 길에 방문하지 않으면 전쟁이 끝날 때까지 방문할 시간도 없다. 러시아 침략 전쟁 시작 후 미국, 프랑스, 영국 등 주요 7국을 비롯한 자유민주주의 진영 지도자는 빠짐 없이 키이루를 찾아 우크라이나 국민들을 응원했다. 비유럽권의 가시다 일본 총리, 캐나다 총리도 방문했다. 지난번 한국을 방문한 우크라이나 영부인이 방문을 기대한다며 초청 의사를 밝힌 바도 있다. 러시아는 지난 2022년에도 우크라이나 무기를 지원하지 말라는 경고가 있었다. 한국은 다른 나라에 무기를 수출해서 그 나라들이 우크라이나를 지원하는 주로 간접 지원을 하고 있다.

 윤 대통령의 우크라이나 깜짝 방문에 대해 민주당이 터무니없는 정치 공세를 퍼부었다. 폭우 피해가 발생했는데도 해외 순방을 연장했다는 것이다. 집중 폭우로 산사태가 일어난 일을 가지고 생트집을 잡은 것이다. 각 부처의 담당자들을 허수아비 취급하고 오직 트집 잡기에 재미를 느끼는 것이다. 이 사람들의 여가 시간은 어떻게 하면 정부를 곤경에 빠뜨릴까 하는 연구에 몰두하느라 일상의 재미있는 시간을 헛되게 보내는 것이다. 다른 나라에서는 찾아볼 수 없는 해괴한 일이 전과자에다 범죄 투성이로 계속 재판을 받고 있는 이재명이 등장한 이후 벌어진 진풍경이다. 지역구를 물려준 송영길은 앞으로 더욱 더 험한 인생의 항로가 펼쳐 있다. 그 배경에는 아무 명사도 모르고 옛날식으로 당을 믿어 왔던 호남 세력이 있는데 언젠가는 반드시 그 대가가 기다리고 있다. 인간의 갈등을 넘어 소리의 발동인데 그 징조가 하나님의 뜻에 의해 서서히 나타나고 있다는 것을 모르는 것이다.

1988년 국가 원수 모독죄가 폐지된 이후 유튜브에서는 아무라도 험담을 하느라 열을 올리는데 모든 것이 하나님의 핸드폰에 저장되어 있다. 내가 언젠가 충청도 쪽에 지진이 일어나면 고흥을 거쳐 평양으로 흘러 초토화될 것이라고 했더니 정말로 얼마 안 되어서 지진이 발생했다는 뉴스가 나와서 놀라고 말았다. 예행 연습을 해보는지 이상하게도 코로나 때도 그런 현상이 벌어지자 시장 닭집 안 사장이 나보고 도사라고 한 적이 있다. 나는 하나님과 이심전심 통하고 있는 것이다.

　오커스 쿼드 한, 미, 일 협력으로 미국이 막강해지자 중국은 쿼드를 배타적 소그룹으로 지칭하면서 한국이 쿼드에 참여하면 한중간 신뢰를 파괴할 것이라고 으름장을 놓기도 했다. 미국은 쿼드를 인도 태평양 지역에서 최선의 안보 체재로 정의하고 2021년 미국을 방문했을 때 쿼드 참여를 요청한 바 있다. 문재인 정부가 지소미아를 2019년 11월 22일 국익에 실효성이 없다고 종료한 것에 대해 복구가 된 셈이다.

　한국의 전문가들은 한, 미, 일 협력은 더 단단하게 한중 외교는 더 유연하게 관리하라는 견해다. 3국 공조가 흔들리지 않도록 공조의 제도화를 추진해 국내 정치 변화로부터 보호할 기재를 마련하는 것이 필요하다면서도 중국에 대해서도 적대적이 아닌 관계 관리를 동시에 우선 순위로 뽑은 것이다. 한중간 상시 소통 관계를 동시에 시스템화 정례화해야 양국간 억측 오해로 관계가 악화되는 것을 막을 수 있다. 나는 인도와 무역을 활발하게 해야 한다고 한 적이 있는데 역시나 중국과 오랫동안 민간 교류가 활발한 상태에서는 중국이 유리하다. 명동이나 동대문 시장에 중국인들이 오지 않으면 장사에 지장이 있을 정도다. 일본과 중국 중 어느 나라가 이중성이 강한가도 생각할 수 있겠지만 인구가 많은 중국인들이 한국에 많이 내왕하기에 한일 협력을 바탕으로 중국과 3각 구도를 형성하는 것도 바람직하다.

한국의 AI가 핵을 무용지물로 만드는 시대가 왔지만 그래도 체면상 장차 대한민국은 어떻게 해서든 미국의 정신 상태를 뜯어고쳐서라도 미국의 전술핵 재배치나 한국 잠수함들의 핵 탑재 등 자체 핵무장을 통해서 근본적인 방어 태세를 한시바삐 갖춰야 하고 윤 대통령도 그 특유의 정면 돌파력과 뚝심으로 대한민국의 안보 상황을 획기적으로 안정시킬 역사적인 대통령으로 기록될 수 있도록 간절히 바라는 마음이다.

판짜고 판치다 판수가 되다

 판사와 의사가 변해야 나라가 온전하다며 부산지법 동부지원 박주영 판사의 선행과 서해 최북단 백령도의 병원에 근무를 자청한 산부인과 전문의 오혜숙(73) 씨를 소개할 계획이었으나 의사 파동이 너무 길어져서 따로 분류해서 쓰기로 하면서 미뤄 왔다. 목차는 유창훈과 강규태의 사법 농단으로 정해 놓았다. 서초구 대법원 앞에 근조 화환과 유 판사의 얼굴 사진이 박힌 대형 비방 현수막이 한 달 넘게 세워지는 등 비난과 공격에 시달렸다. 국민의 힘은 이재명 대표 공직선거법 위반 혐의 사건 재판장인 서울중앙지법 강규태 판사가 사표를 낸 것과 관련해 대변인을 통해 선거법 사건은 6개월 이내에 끝내도록 법이 정하고 있지만 이 대표 재판은 16개월 동안 지연시켰다며 명백한 이재명 지키기 1등 공신이라는 조롱이 나온다고 비판했다.

  나는 인터넷 의견란에 판사가 재판을 지연시키고 기각시킨 이유는 하나님의 뜻이라고 한 적이 있다. 이재명을 그대로 두어야 새로운 지도자가 나올 수 없어 민주당에게 불리하게 작용할 것이라 했다. 아니나 다를까. 그 후 6·25 발언에 이어 공천 학살까지 하게 되어 탈락하는 의원들이 늘어나기 시작했다. 선거 유세에서도 일본과의 신판 전쟁에 이어 한국의 생명선과 같은 대한해협을 두고 엉뚱한 소리를 했다. 충남 유세에서 대만 해협이 어떻게 되든 우리와 무슨 상관이냐며 정부의 외교정책을 비판했다. 중국의 네티즌들은 환영하면서 박수를 보내기도 했다.

  이재명 구속 영장 청구(2023. 9. 27)를 법원이 기각한 사유을 보면 기교 사법을 떠올린다. 검찰이 이 대표에게 적용한 혐의는 크게 세 가지다. 성남시장 시절 백현동 개발 특혜 비리 사건의 배임. 경기지사 시절 방북 추진 과정에서 쌍방울 그룹이 북한에 방북 비용을 대납한 뇌물, 과거 이 대표의 검사 사칭 사건과 관련한 위증교사 등이다. 형사 소송법은 죄를 범하였다고 의심할 만한 상당한 이유를 구속의 전제 조건으로 하면서 주거 부정 증거 인멸 염려 도주 염려를 구속의 사유로 들고 있다. 아울러 구속 사유를 심사할 때 범죄의 중대성 재범 위험성 피해자나 중요 참고인에 대한 위해 우려를 고려해야 한다고 적시하고 있다. 영장 담당 판사가 밝힌 기각 사유를 보면 앞뒤가 안 맞는 게 한둘이 아니다. 위증교사 혐의가 소명된 것 위증교사 및 백현동 사건의 경우 현재까지 확보된 인적 물적 자료 피의자가 정당의 대표로서 공적 감시와 비판의 대상이라 증거 인멸 염려가 없다는 것도 마찬가지다.

대장동 백현동 사건으로 이미 24명이 구속됐고 주변의 과거 인물 가운데 5명이나 사망했다. 이정도면 자신의 사법적 판단에 앞서 부끄럽고 죄스러워야 정상인데 사상 초유 단군 이래 가장 뻔뻔함으로 대표라는 명목 아래 활개를 치고 다니며 또한 그를 지지한 세력이 주로 호남 충청 유권자라는 것을 볼 때 앞으로 후손들이 어떻게 볼 것인지 두렵지도 않은 모양새다. 하기야 민주당 정권들이 여태까지 해온 결과물은 국가에 도움이 되는 것이 전혀 없어서 반역적 행위에 그 기반을 두고 있다는 것은 삼척동자도 다 아는 사실이다. 그 원인은 다 아시다시피 첫 단추를 잘못 뚫었다는 증거가 확실하다. 김대중이 노무현만 끌어내지 않았더라도 문재인이 나타나지 않았을 텐데 아쉬움이 남는 대목이다.

2년 내 1심 판결이 나오지 않은 장기 민사 사건은 김명수 대법원장 취임 후 5년간 3배로 형사소송은 2배로 늘었다. 서울중앙지법에서 5년 넘게 판결을 내리지 않은 초장기 미제 사건도 5배가량 폭증했다. 고법 부장판사 승진제 폐지 법원장 후보 추천제 도입 법원장을 판사 투표로 뽑는 제도를 도입해 문 정권 편 판결을 한 판사를 최다 득표자가 아닌데도 법원장에 임명

했다. 이 제도 도입 이후 법원장들이 판사들 눈치 보느라 판사 인사 평정 역할을 사실상 포기했다. 나태한 판사들이 늘어났고 재판 지연으로 국민이 고통 받았다. 그런데도 김명수는 이 제도가 잘 운영되고 있다고 하면서 법관 수 부족이라고 했다. 하지만 전체 법관 수는 2017년 2,955명에서 지난해 3,151명으로 늘었고 민사 1심 사건은 같은 기간 35만 건에서 34만 건으로 줄었다. 판사는 늘고 사건은 줄었는데 재판이 지연된 것은 애초에 자격이 없는 인물을 대법원장에 임명해 좌지우지하려 한 것이 문 정권의 의도였다. 그의 6년은 한국 사법의 흑역사 사상 최악의 대법원장인 타이틀이 따라다닌다. 문재인의 30년 친구 송철호의 울산시장 선거 개입 사건으로 기소되어 지난 3년 8개월에서 10개월만에 1심 판결이 나온 것이 모든 것을 증명하고 남는다.

조국당 역시 범죄자들의 집단 모임으로 형성되었다. 이재명보다 확실하게 정권 심판을 할 것 같아 강성 지지자들이 지지한다. 이런 모든 것이 판사들이 판을 쳐 놓았다고 해도 과언이 아니다. 조국은 1, 2심 연속으로 징역 2년 실형을 선고하면서 구속을 하지 않았다. 1심 선고까지 3년 2개월 2심은 1년이 걸렸다. 무슨 이유로 이렇게 오랫동안 재판을 하지 않았는지 판사들이 놀고 먹고만 있었는지 월급을 회수해야 할 판국이다. 2심 재판부가 방어권 보장 등을 이유로 법정 구속하지 않는 것도 납득하기 어렵다. 형사소송법상 구속 영장은 범죄가 어느 정도 소명되는 것을 전제로 일정한 주거가 없거나 도주 증거 인멸 우려가 있을 때 발부한다. 문제는 그 기준이 너무 추상적이라는 지적이 많다. 법정 구속 여부를 정하는데 판사들에게 더 큰 재량을 주면서 기준이 모호해지면서 판사들의 재량을 의심케 한다. 이런 상황이 생긴 것도 김명수 대법원장 시절인 2021년 1월 법원 행정처가 인신 구속 사무의 처지에 관한 예규를 개정한 것과 관련이 있다. 실형을 선고할 때는 피고인을 구속하는 것이 원칙으로 되어 있는데 구속 사유가 필요성이 있다고 인정되는 경우 구속하는 것으로 바뀐 것이다. 판사 자신들과 연관성 있는 범죄는 죄질이 가벼워도 구속시키고 있다. 자신의 출퇴근 길에서 위험 운전을 해 뒤따르던 차량의 사고를 유발한 경우이다. 구속 여부가 판사들의 기분에 따라 좌우되면서 사회의 저명인사들에게는 선심을 베푸는 경우가 있다. 사법부의 재판 지연은 국회의원에게 유난히 심하다. 형사 공판 사건 1심 평균 처리 기간이 일반인에 비해 5배에 가깝다. 더 이상 사법에 대한 신뢰가 떨어지기 전에 2심에서 실형 선고를 하면 법정 구속하는 것을 원칙으로 해야 한다. 모든 재판 상황을 끌지 말고 사소한 불구속 사건이라도 신속히 처리해야 사회 정의를 실현하는데 도움이 된다.

 비무장 지대에 구치소를 지어야 한다고 한 적이 있는데 사회의 모든 악성분자들을 하의도나 거제도 함박도에 보내든지 맴생이 고삐에 좀생이들을 쨈매나 부러랑께라는 말이 저절로 나온다.

　사상 최악 재판 지연에 젊은 판사 수급난까지 덮치고 있다. 사법공화국이 된 원인은 변호사들이 정치권에 뛰어들었기 때문이다. 22대 국회의원 중에서도 20%를 차지한다. 애초에 정치인이 되면 변호사 자격을 박탈해서 둘 중에 하나를 선택하게 해야 했다. 판사를 임용하는데 법조 경력이 필요하다고 하는데 오랫동안 선배들의 못된 일만 본받는다. 교양과 자질이 좋고 정치색이 없으면 된다. 단독 판사 제도보다도 합의 재판이 이루어지면 세상에서 제일 좋은 일이 될 것 같다. 중요한 사건이나 민감한 정치인 사건은 국민들도 합의제를 선호한다. 단독이었기에 유창훈 판사 같은 결과가 나와서 모든 판사들이 욕을 먹고 이에 대한민국 질서가 한순간에 무너져 총선은 물론 국가나 개인에게 시비를 거는 사람들이 늘어나면서 반국가의 세력이 형성되었다.

　나는 10월도 너무 멀다는 내용으로 신문에 기고한 적이 있다. 법원 행정 처리도 관계가 있지만 이재명 패거리들이 9월 한 달 동안 탄핵한다며 압박할 기세인데 9월 한 달 동안 변호사들과 어디 관광이나 가느냐며 또다시 유창훈 같은 판사가 나와 재판을 지연시키면 하나님께서 더 이상 용서하지 않을 것이며 이번에야말로 거제도 하의도 함박도로 보내고 말 것이라며 정당한 재판이 이루어지면 이재명도 바람 빠진 풍선에 불과하니 더 이상 기세에 눌리지 말고 정당한 재판이 이루어지길 기대한다는 내용이었다.

  선거판이 편으로 변했다. 주식이나 게임하듯 유리한 것과 불리한 것 진짜와 가짜 형태를 모호하게 만든 판단 기준을 자기 편만이 옳다고 하며 선거에 개입하는 것이다. 범죄자들이라도 자기 구역에서 당선시키면 모든 것이 무죄로 변한다는 구식 마법을 구상하는 것이다. 지난번 책에서도 부모들이 수도권으로 일찍 올라와서 고생을 해서 삶의 터전을 잡은 덕을 보고 자란 애들이 4, 50대가 되어 세상 모르고 까불어 댄다고 했었는데 이번에도 범죄 집단들에게 표를 던졌다. 이 세대 (2023년 기준)는 늙어서 죽을 때까지 지켜보겠다. 내가 죽어 하늘나라 지옥문 문지기로 있다가 이놈들 세대가 들어오면 죄질이 가벼운 자는 지옥 생활관으로 보내고 싸가지 없는 놈들은 바로 지옥불로 직행시킬 계획이다. 판사들은 잘못을 뉘우치고 이재명과 조국을 빠른 시일 내에 구속시켜 국민들에게 폐를 끼치는 일을 그만해야 한다. 언젠가는 자신들도 당한다는 것을 명심하고 대법원장도 질서를 잡을 자신이 없으면 그만두어야 한다. 이 두 놈이 교회에 가서 반성하고 하나님께 용서를 빌기는커녕 감히 현충사에 가서 선조들까지 모독하는 행위를 거침없이 하는 꼴은 그만큼 여권에서 대응이 서툴렀다는 증거다. 그야말로 한국 정치는 판사들의 농단으로 점쟁이 봉사로 변하게 되는 판수가 되는 것이다.

의료 대란의 후유증

 의사, 판사들이 오랫동안 기득권을 누리더니 개판을 치고 있다. 일부 국회의원들끼리 합세하여 난장판으로 선거판을 흔들어 댔다. 시위를 밥 먹듯 하고 정부에 반역하는 행동을 보고 자신들도 자존심을 내세운 것이다. 국민 성향으로 봐서 애초에 삼권 분립을 해서는 안 되는 나라라고 내가 수차례 이야기했던 것이 맞아떨어졌다. 호남 세력들이 야당 의원들에게 맞장구를 쳐주다가 결국 자신들이 망조가 든다는 것을 모르는 것이다. 유럽에서는 지금도 우리나라를 전쟁이 끝나지 않은 변방국가 정도로 평가하는 사람들도 많다. 남과 북의 정치 구도를 눈여겨보고 있다.
 환경이 좋지 않은 산골 마을에서 태어나서 서울로 올라와 권력이나 돈맛을 보면 사족을 못 쓴다. 국세청에 따르면 의사는 우리 사회 최상위 소득 계층이다. 의사, 한의사, 치과 의사를 포함한 의료업 종사자의 연평균 소득은 2021년 기준 2억 6900만 원으로 2위 회계업 종사자(1억 1800만 원)와 변호사(1억 1500만 원)의 2배 이상이다. 관련 통계 집계가 시작된 2014년 1억 7300만 원보다 55.5% 늘었다. 게다가 경제 협력 개발 기구(OECD) 통계를 보면 한국 병·의원에 근무하는 의사의 구매력 기준 연간 임금 소득은 2020년 19만 2749달러로 통계가 잡혀 회원국 중 최고였다. 여기엔 의대 정원 반대 등 의사 단체의 기득권 지키기에 영향이 컸다. 한국갤럽 전국 성인 남녀 대상 여론 조사에서도 응답자의 76%가 의대 정원 확대에 긍정적인 반면 부정적 응답은 16%로 나온 적이 있다.

　의사 부족으로 필수 지역 의료 공백이 심각하다는데 국민적 공감대가 형성된 것이다. 억대 연봉을 내걸고도 의사를 못 구하는 지방 병원이 수두룩하다. 필수 의료 공백으로 제때 치료를 못 받아 사망한 환자도 있다. 어떤 의사의 변명을 들어보면 의사가 늘어나도 인기 과로 몰리고 실습실과 교수진도 부족하여 또한 실력이 없는 학생들이 대거 합격하여 수준이 떨어진다고도 했다. 그러나 이런 문제들은 2차적 문제이다. 의사 파업 사태로 의료진과 정부 간의 갈등이 깊어지면서 의료 서비스 지연으로 인한 불편함을 호소하는 목소리들이 늘어나고 있다. 분쟁에 의한 피해를 본 환자들뿐 아니라 간호사 등 동료 직원들의 업무 증가로 인한 고통도 늘어나고 있다. 남아 있는 의료진들의 피로와 탈진은 한계에 다다르고 있고 병원에 의약품과 의료기기를 공급하는 업체들도 영업 직격탄을 맞은 상황으로 제약업계는 의약품과 장비 납품이 전공의 집단 이탈 이전과 비교해 30~40%가량 줄어든 것으로 보고 있다. 정부에서 파견한 공보의들의 연장 근무도 불만이 쌓였다. 정부가 보건의료원 보건소 등에 근무하는 공중 보건 의사와 군의관을 전국 대형 병원에 파견한 적이 있다. 전공의 이탈이 장기화하면서 중상이 가벼운 경중 환자들에게 도움이 되었다. 군의관 파견과 보건지소가 최소한의 의료 서비스를 제공하는 방어선이다.

　보건지소는 국민 건강 증진을 위한 프로그램을 운영하는 것뿐 아니라 내과, 치과, 한의사 진료와 약처방 의약품 장기 복용 환자 관리 방문 보건 사업 등을 통해 지역 주민들과 긴밀하게 소통하며 의료 서비스를 제공한다. 지역 보건소에서도 의료 부족 현상이 생기자 지역 보건소는 비대면 진료를 한시적으로 허용했다. 환자들은 지역 보건소와 보건지소의 비대면 진료를 통해 상담 진단 처방을 받을 수 있다. 공보의 수 감소에 따라 복지부는 농어촌 의료 취약지 중심으로 배치하고 보건지소 순회 진료를 확대하고 있다. 정부가 의료 공백을 메우기 위해 비대면 진료를 전면 허용하자 경중환자 동네 의원을 중심으로 그 이용 건수가 6배 이상 급증했다. 원격 의료 산업협의회에 따르면 굿닥, 나만의 닥터, 닥터나우, 솔닥 등 비대면 진료 플랫폼 4곳의 지난달 비대면 진료 요청 건수 합계는 15만 5천

599건 일평균 5천 20건이었다. 중상별로는 감기 몸살이 약 20%로 가장 많았다. 진료 과목 중에는 소아 청소년과 비중이 컸다.

 정부는 시범 사업을 보완하고 한시적 전면 허용 조치에 따른 현장 평가와 의견을 반영해 비대면 진료 모형을 계속 발전시킨다는 계획이지만 의료계와 일부 환자 단체는 비대면 진료 확대에 반대하고 있다. 비대면 진료 건수가 이전보다 급증하자 스마트폰 등 IT 기기를 통해 의사에게 원격으로 진료받는 비대면 진료를 제도화하자는 의견도 거세지고 있다. 지금은 코로나 시기와 달라 비대면 진료를 받아도 약을 받기 위해 직접 약국으로 가야 한다. 한국 소비자 연맹에서는 약 배송으로 인한 오남용 문제가 드러난 것이 없는데 비대면 진료는 허용하고 약 배송은 금지하는 것은 소비자 입장에서 납득하기 어렵다고 했다. 윤 대통령도 지난 민생 토론회에서 정부가 시범 사업 형태로 비대면 진료를 이어 가고 있지만 원격 약품 배송은 제한하는 등 불평과 아쉬움은 여전히 남아 있다고 언급했지만 의약계의 반발이 거세다. 한 비대면 진료 업체 대표는 약 배송까지 허용하는 시범 사업이라도 진행해 생산적인 논의를 진행했으면 한다고 했다.

 정부는 응급 환자 중심의 비상 진료 체제를 유지하기 위해 재정 지원을 펼쳤으나 병원들은 수십억 적자라고 하면서 버티기 어렵다고 했다. 전공의 이탈에 이어 교수들이 사직서를 내고 분쟁 행동에 가담한데 대하여 관리 감독해야 할 병원이 사태 수습에 노력하지 않고 있었다면 병원과 의사 등 의료계가 공적 자금에 책임을 져야 한다. 의료계 파업으로 인하여 수술 등이 지연되어 환자들이 제때에 치료를 받지 못해 건강상의 불이익이 발생할 경우 환자 및 유족으로서는 진료 계약의 수임인인 병원 등 의료기관을 상대로 위임계약의 불이행을 이유로 손해배상을 청구할 수 있다. 수술의 적기를 놓치게 한 잘못이 있고 후유증 발생에 기여했기 때문이다. 정신질환자들도 시간이 흐를수록 후유증이 커지면서 의사들이 어떻게 변명할지 궁금했는데 의사들 자신들마저 후유증이 생겨 정신이 이상해졌는지 정부를 상대로 고소를 하기도 했다. 응급실 의사 부족으로 암 환자들이 갈 곳이 없다고 아우성이다.

복지부에서는 매일 점검하며 응급 환자들에게는 큰 지장이 없다고 한다. 급성 환자들이 대거 시간이 길어지면 건강 악화로 생명의 위협을 느낄 수 있으며 정신적 압박이 밀려와 스트레스가 겹친다. 대체 방법으로는 누구나 가기를 꺼리는 요양 병원이 오히려 큰 도움이 될 수 있다. 요양병원은 신속하고 전문적인 대응을 제공하여 의약품과 장비도 항상 대기시켜 놓기에 우선 심리적으로 안정감을 찾을 수 있다. 지방의 병원이 야간에 가동이 되지 않으면 몇 시간 걸려서 다른 곳 응급실을 찾아 헤매야 한다. 또한 의대 신입생들은 새로운 기준에 지장을 받고 졸업생들은 국가시험이 늦어져 지장을 받는다.

글로벌 사기 범죄를 막는다

정부가 영국 등 10개국과 함께 국경을 넘어 발생하는 글로벌 사기 범죄를 뿌리 뽑기로 했다.

이상민 행정안전부 장관은 2024년 3월 11일 영국 런던에서 열린 글로벌 사기 범죄 방지 정상회의에 참석해 각국 정상과 이같이 협력하기로 하고 사상 첫 초국경 사기 범죄 방지 성명서도 채택했다. 이에 따라 앞으로 초국경 사기 범죄자 검거와 국가간 사기 범죄 수익 환수 등이 원활해질 전망이다. 이번 정상회의는 영국이 초국경 사기 범죄 근절을 위해 국제적 영향력을 가진 국가들과 공조와 협력을 강화하는 차원에서 올해 처음으로 개최한 행사다. 한국과 싱가포르는 G7(주요 7개국) 정상회의 영미권 5개국 기밀 정보 동맹체인 파이브 아이즈(영국, 미국, 캐나다, 호주, 뉴질랜드) 멤버는 아니지만 사기 범죄 수사 역량 등을 높이 평가 받아 특별 초청됐다. 한국을 포함한 11개국 주요국 장관은 각국이 사기 범죄 범행 수단 차단, 사기 범죄 피해자 보호 및 대국민 교육 홍보 등 사기 범죄 근절을 위한 정책 수행 과정에 적극 협력하기로 뜻을 모았다.

이 장관은 이날 한국의 사기 범죄 현황과 국내 보이스 피싱 범죄 수사 성과 등을 소개했다. 그는 한국의 사기 범죄도 2022년 전체 범죄의 22%를 넘어섰고 최근에는 초국경 온라인 신종 사기 범죄로 진화하고 있다면서 인터폴을 포함한 다자간 협력 체계나 국가간 사기 범죄 방지 책임기관 사이의 네트워크를 강화해 조직적 사기범들을 신속하게 검거하겠다고 강조했다. 그러면서 한국은 보이스 피싱 대응 강화를 위해 경찰청에 전기통신 금융사기 통합신고 대응센터를 설치했다며 범정부 차원의 조치와 대국민 홍보 강화 국민 신고 제보 분석을 통한 범행 수단 차단 등을 통해 사기 범죄 피해 발생 건수 피해액 모두 감소하는 성과를 거뒀다고 소개하기도 했다.

제임스 클레벌리 영국 내무부 장관도 사기 범죄자들은 국경을 가리지 않고 참가국 시민들에게 피해를 입히고 있다며 우리가 함께 사기 범죄에 대해 정면 대응해야 이런 재앙을 멈출 수 있고 그것이 우리가 계획하는 일이라고 설명했다.

정상회의를 앞두고 열린 개막 행사에서 영국의 앤 공주는 전 세계의 평범한 사람들 특히 자신을 지킬 수단을 갖지 못한 이들이 사기 피해자가 되고 있다며 국제적으로 조직화한 사기 범죄자들에 대응하기 위해서는 우리의 대응 또한 국제적이어야 한다고 강조했다. 이번 회의를 통해 각국의 대응 센터와의 교류도 확대할 수 있을 것으로 보인다.

지난해 서울 다가구 주택(단독 포함) 임대차 시장에서 월세 비중이 처음으로 70%를 넘어섰다. 다세대 연립 등 빌라보다 보증금을 떼일 위험성이 높아 전세는 사기당할라 무서운 것이다. 다가구 주택 시장에서 전세가 급감한 이유는 지난해 초 불거진 전세 사기 영향이 크다는 분석이다. 다가구 주택은 법률상 단독 주택이지만 한 집에 최대 19실까지 거주할 수 있다. 호실별로 등기가 나오는 다세대 주택과 달리 등기부상 집주인이 한 명이어서 각종 사기에 쉽게 노출될 수 있다. 법적으로 임대인(집주인) 동의가 없으면 공인중개사와 임차인이 임차보증금 합계를 확인할 수 없는 게 문제라는 지적이다. 세입자로서는 본인보다 선순위인 임차인 보증금 합계 금액이 절대적으로 중요하다. 현행법은 임대인 동의를 받아야만 임차보증금 합계를 확인할 수 있다. 중개사는 중개사대로 세입자는 세입자대로 다가구를 기피하는 이유다.

정부가 지난해 전세 사기 여파로 공인중개사의 설명 의무를 강화한데다 다가구 세입자 피해와 관련한 대법원 판결까지 나오면서 다가구 임대차 중개시장은 꽁꽁 얼어붙고 있다. 대법원은 지난해 11월 중개업자가 다른 임차인의 임대차 보증금 액수 임대차 시기와 계약 만료일 등에 관한 사항을 설명하지 않고 임의 경매로 넘어가 임차인이 보증금을 반환하지 못한 사안에 대해 중개업자가 선량한 관리자의 주의 의무를 위반했다며 배상 책임을 부담하도록 했다. 중개업소 관계자는 판결대로라면 다가구 주택을 중개할 때 해당 가구의 근저당뿐만 아니라 건물의 다른 호수 세입자 전세금 근저당까지 확인해야 한다며 현실적으로 모든 계약서를 보여 주는 집주인이 없어 다가구 주택 중개는 하지 말자는 분위기라고 했다. 세입자들도 다가구 주택은 각종 사각지대에 놓여 제대로 피해 구제를 받지 못한다고 주장한다.

전세 사기 대책 위원회는 지난 6일 다가구 주택 전세 사기 피해자 기자 회견을 열고 다가구 주택 공매 연기 피해 주택 지원 등을 담은 전세 사기 특별법 개정안 통과를 촉구했다. 다른 여러 가지 사기는 조심하면 되지만 전세는 집이 있는 사람 없는 사람들이 필수적으로 해야 할 때가 있어서 더더욱 조심해야 한다.

①깡통 전세란 매매 가격보다 전세 가격을 더 높게 받는 전세 계약으로 매매가가 전세 보증금보다 낮기 때문에 세입자가 임대 부동산에 대해 전세권 설정을 하더라도 임대 부동산이 경매에 넘어가더라도 전세권 설정해 놓은 임차인은 전세 보증금을 전부 돌려받지 못하는 상태가 되어 금전적으로 손해를 보는 전세를 말한다. 깡통 전세를 막기 위해서는 우선 전세 계약을 체결하려는 부동산의 정확한 시세를 알면 전세 보증금이

과도한지 금방 확인할 수 있으니 부동산 중개소를 통해 시세를 확인하거나 인터넷을 통해 확인할 수 있다. 네이버 부동산, 직방, 다방, 국토교통부 실거래가 공개 시스템, 한국 부동산원 부동산 테크 등 이렇게 다양한 시세 확인 절차를 통해 깡통 전세 사기는 예방할 수 있다. 또한 부동산 관련한 부채가 얼마인지 확인한다. 부동산이 가지는 가치와 그 부동산을 담보로 잡혀 있다면 담보로 잡힌 금액과 전세 보증금의 합계액이 부동산 가치보다 더 적어야 내 전세 보증금을 안전하게 보장받을 수 있다. 따라서 부동산 등기부 등본에서 부동산 담보 대출이 얼마인지 확인해야 하는데 근저당권 전세권 가등기 가압류 압류 임차권 등 다른 권리 사항이 등재되어 있는지 확인하면 깡통 전세를 예방할 수 있다.

②불법 부동산 중개소 사기는 정식 부동산 중개소가 아닌 자격이 없는 사람이 불법으로 중개소를 차려 임대 보증금을 가로채는 사기 행위이다. 여러 건물이나 주택을 빌려 놓고 집주인 행세를 하며 부당한 계약을 체결하기도 한다. 부동산 중개소 사무실에는 방문자가 알아볼 수 있도록 공인 중개사 자격증을 게시하도록 하고 있으므로 자격증을 확인하고 신분과 일치하는지 확인하면 된다.

③하루차 전세 사기란 임차인의 권리 발생 시점의 틈을 이용하여 권리 행사를 하지 못하도록 만드는 것으로 임차인이 임대차 계약을 체결한 후 전입 신고 또는 확정 일자를 받으면

임차인 보호를 받게 된다. 확정 일자를 받은 다음 날 0시에 효력이 발생하게 되는데 반해 근저당 설정의 경우에는 등기소에 접수하는 순간 효력이 발생하는 것이어서 효력 발생의 시간차가 발생하게 된다. 즉 임대인이 임차인과 부동산 임대차 계약을 체결하고 임차인이 확정 일자를 받았는데도 불구하고 임대인이 임대차 계약 체결한 후 바로 근저당 설정을 하였다면 근저당이 우선 순위가 되어 버려 후순위인 임차인은 보호를 받지 못하는 상태가 된다. 사기를 막는 방법은 계약서 작성 당시 계약 내용에 부동산의 권리 관계 및 담보는 계약서 작성 당시의 부동산 등기부 등본에 기재된 것과 동일하게 유지하고 계약 체결 후 임차인의 권리 관계엔 영향을 미칠 근저당 등의 물건이 설정될 경우 계약은 무효로 한다라고 기재하면 계약을 해지하고 보증금을 반환 받을 수 있다.

④임대인 사칭 계약 전세 계약을 체결할 때 당사자끼리 계약을 체결한 것이 아니면 효력이 없는 것이기 때문에 계약 당사자가 임대인인지 주민등록증을 반드시 확인하고 본인이 아닌 경우 반드시 임대인의 인감도장이 날인된 위임장이 있어야 하고 그 위임장에는 인감 증명이 첨부되어야 한다.

⑤주요 사실 미고지는 전세 계약을 체결하였으나 그 전세 계약의 효력이 상실될 수 있는 중요한 사실 또는 임차인의 권리를 침해할 수 있는 중요한 사실을 알리지 않고 계약을 체결하여 임차인이 손해를 입는 경우다. 세금 체납 대출 토지의

수용 등으로 철거 예정 기타 임차인이 손해를 입을 가능성이 높은 경우다. 전세 보증금 반환 보증 가입을 해두면 더 확실하겠다.

북한의 내부 혼란

북한은 갈수록 내부가 변화하면서 허물어지고 있다. 교육 사업은 어느 정도 진전이 있었지만 교양 사업은 무너지고 있다. 청소년들은 어느 나라나 민감하다. 남한의 재미있는 생활을 여러 매체나 중국을 통해 전해 듣고 동경하고 있다. 아무리 인터넷을 규제해도 소문은 퍼지기 마련이다. 더군다나 남한 드라마를 보았다고 엄한 벌을 내리자 사춘기 아이들까지 알게 된 것이다. 아무리 협박하고 미사일을 쏘아대도 옛이야기일 뿐이다. 한국의 젊은이들은 전쟁이 일어날 경우 두더지나 돼지 같은 꼬맹이 정은이를 생포할 작정이다.

핵을 AI가 이미 넘어서서 무용지물이 된 지 오래다. 국토가 좁아서 평양은 순식간에 함몰된다. 북한 엘리트들도 어느 정도 상황 파악이 되어 자신들 살아갈 궁리를 하는데 오직 평양을 떠나야만 살 길이다. 혹시라도 한, 미, 일 군사 협정이 차질이 생기더라도 유엔사 18국이 공동 대응한다고 2023년 11월 14일 약속한 바도 있다. 북한의 군 간부들도 다 알고 있다. 한국을 제외한 나머지 17개국은 미국, 호주, 벨기에, 캐나다, 콜롬비아, 덴마크, 프랑스, 그리스, 이탈리아, 터키, 영국이다. 민주당에서는 우크라이나 러시아 전쟁을 예로 들면서 유엔사를 무시한 발언을 하기도 한다. 독일 회원 가입을 문재인이 반대했다는 소문도 있었다.

　북한이 2024년 새해 들어 연평도 인근 서해 북방한계선 완충 구역에 포탄을 쏘아대며 공갈 협박을 했던 것도 문재인 정권 5년 동안 시간을 벌어 주어 남한을 공격할 능력을 어느 정도 갖추게 해준 원인이다. 햇볕정책을 맹신하는 세력이 정권을 잡을 때마다 북한에 현금을 퍼주었던 결과인데 반성은커녕 선거 유세에서 평화를 원하는 곳에 표를 달라고도 한다. 북한은 코로나의 여파가 너무 컸던지 전쟁 준비 자금을 마련한다며 체불한 임금을 착취해 버리자 중국이나 아프리카 건설 현장에 파견된 노동자들이 공장에 화염병을 투척하며 폭동을 일으키고 있다. 폭동의 동기는 임금 체불이나 관리자들의 빈번한 폭행 외출이나 핸드폰 사용 금지 열악한 거주 환경 사생활 통제 등이다. 아프리카에서는 귀국 연기에 불만을 품었다. 주로 젊은층이 많아서 자본주의 사회를 동경하는 세대들이다.

　우크라이나와 러시아 전쟁 시 EU에게 기대를 해보고 있었지만 크게 도움을 주지 못했다. 회원국이 많지만 러시아와 오랜 무역 관계가 있는 나라는 입장이 서로 다를 수 있는 것이다. 러시아는 가스를 중단하고 EU는 농산물 제한을 했다. 인구가 많은 러시아 국민들은 불편을 겪고 유럽 여행도 비자가 쉽게 나오지 않는다. 북한이 러시아에 무기를 지원한 것에 대해 우려를 표하는 정도였다. 러시아는 대북 제재 감시 카메라를 부쉈다. 아무리 보아도 푸틴 얼굴은 짐승보다도 더 못생겼다. 내가 항상 살쾡이라고 부른다. 푸틴 같은 인물이 등장하는 것은 세상이 그야말로 말세다. 지구의 종말이 다가오면 이상한 조짐이 나타나는 것이다. 그러나 내가 살아 있는 동안은 안심해도 된다. 항상 하나님과 통하고 있기 때문이다.

최근에는 AI를 활용한 사이버 공격과 방어도 활발해지고 있다. 자동화를 넘어서 자율화되고 있다. 어느 순간부터는 인간이 빠진 상태에서 기계 스스로 방어하는 자율적인 사이버 공격 무기와 이들로부터 자율적으로 방어하는 AI 기반의 방어망이 서로 공방을 주고받는 그런 시대가 온 것이다. 또한 사이버전과 전자전의 결합형이 나타나면 에너지 레이저 무기가 된다. 인공위성에서 핵무기와 연결해서 발사한다면 쥐도 새도 모르게 파괴시킬 수 있다.

만일 미국이 핵을 경계한다면 AI가 핵물질과 비슷한 형태를 가지고 자살 폭탄 공격을 시도할 수 있다. 어떻게든 세계의 모든 핵을 무용지물로 만들어서 미국 중국 러시아를 꼼짝 못하게 할 시간이 다가오고 있다. 인간이나 나라나 서로를 못살게 피곤하게 하면 반드시 그 대가를 받는다는 것이 하나님께서 가르쳐 주신 진리이다.

한중일 협력 재확인

 개인과 개인 사이에도 사소한 감정으로 만남이 중단되고 특별한 계기가 없는 한 영원히 단절될 수 있다. 나라와 나라 사이는 그 각도가 더 크다.
 한중 관계에 있어 사드 사태와 북중 밀착 관계의 묵은 감정을 해소하고 다시 만났다는 것에 큰 의미를 둘 수 있다. 미국이 중국산 수입품에 고율 관세를 부과하며 관세 폭탄을 선언한 것과도 연관성이 있다. 중국은 일본과 한국의 경제 성장을 인정하지만 한국을 대수롭지 않게 생각해 왔다. 그러나 중국은 생산을 멈추지 않는 나라로 일본과 한국을 압도해 나가고 있다. 이번 회담에서도 산업 공급망 안정, 기술 혁신 협력, 인문 교류 등 무역 확대에 중점을 두고 있다. 중국 관광객이 없으면 명동이나 동대문 시장이 한산하다는 말이 나올 정도로 양국간 민간 교류가 지속되어 왔다.
　이번 성과는 3국의 FTA 체결이다. 지금까지 정치적인 이유로 답보 상태를 면치 못하다가 한국이 먼저 체결한 가운데 포괄적 경제 동반자 협정이 발효되면서 한일중 3국이 모두 참여하는 큰 성과를 거두었다. 오래도록 단절되었던 문화 예술 방면에서도 진전이 있을 것으로 보인다. 한중일은 오래도록 바둑 축제를 자주 열어 떼려야 뗄 수 없는 동반자 역할을 지속하고 있다. 나도 타이젬에서 날마다 바둑을 두는데 중국인들이 아니면 성과를 거둘 수 없다.
　한국은 중국과 대화하면 자주 북한 문제를 꺼내는데 실효성도 없고 자존심 구기는 쓸데없는 일이다. 더욱 당당하게 나가면서 간접적으로 위력을 보여 주어야 한다. 시진핑 주석도 북핵을 자국을 위한 게임용으로 이용 말라고 한 적이 있다. 북핵은 우크라이나, 이스라엘 전쟁에서 보듯이 아무 의미가 없다. 선제 공격을 하다가는 먼저 작살나고 오래 끌면 경제력이 부족한 쪽이 지게 되어 있다. 그나마 북한은 영토가 좁아 한주먹 감도 되지 않는다. 자주 도발하는 것은 겁이 많은 두더지 정은이 라인이 안보 불감증에 걸려 있기 때문이다.
　북한은 원래 중국을 믿지 못한다. 고난의 행군 시절에도 도와주지 않아서 김대중이 생명줄을 이어 주었다. 자주 러시아와 협력을 하려던 참에 우크라이나 전쟁을 배경 삼아 거래를 하고 푸틴이 방북을 하여 남한을 무시하는 발언으로 정은이를 안심시켜 주었다. 푸틴도 한국을 건드려서 이익이 없다는 것은 알고 있다. 미국도 6·25 전쟁 74주년을 기념하고 푸틴 방북을 계기로 항공모함을 부산에 입항시켰다. 워싱턴 선언을 중시하면서 한미일 협력을 강조했다. 결과적으로 푸틴은 북한에 미국은 남한에 서로 체면을 세우는 결과를 초래했다.

건강한 삶을 위해

제3부

마찰 전기와 독소 배출

우리가 먹는 음식은 소화되는 과정에서 어느 정도 마찰이 생기기 마련이다. 혈관 속에서 자기들끼리 뭉쳐진 적혈구는 혈류의 흐름을 방해하는 경우가 있는데 뭉쳐 있는 것은 정전기가 쌓여 있다는 의미다. 말초신경까지 산소와 영양이 골고루 못 가고 노폐물이 축적되면 염증을 유발한다. 적절한 방법으로 방전하지 않으면 계속 쌓이게 되어 혈전을 일으킬 수 있다. 낮의 활발한 교감신경이 밤에도 멈추지 않고 지속되면 수면 방해가 된다.

수분을 많이 차지하고 있는 몸에 전기가 이동한다는 것은 당연하다. 수분에는 이산화탄소 칼슘 등 여러 가지 물질이 녹아 있다. 이온으로 존재하여 몸속을 이동하기 때문에 좋은 물을 자주 마시는 것도 중요하다. 하루의 일상은 전기에서 전기로 끝난다. 엘리베이터 버튼을 누르는 것부터 시작해서 자동차 운전, 집안의 전기 제품 사용 등 전기의 존재가치와 고마움을 망각한 가운데 하루 종일 전기 속에서 헤매인다. 움직이는 모든 것에는 전자가 모여 있다. 신체 내부의 근육이 움직이는데도 전기가 발생한다. 몸의 모든 장기는 자연스럽게 흘러야지 정전기로 뭉쳐 있으면 혈류의 흐름을 방해하여 노폐물이 쌓여 독소를 배출한다. 스트레스를 받는 만큼 피부도 거칠어진다.

검찰과 법원이 초기에 이재명 수사를 구렁이 담 넘어가듯 하여 많은 스트레스를 받았던지 얼굴색이 회색으로 변하고 검버섯이 발발하여 수산시장에 굴을 사러간 적도 있다. 마음이 안정이 안 되면 잠병에 시달릴 수도 있다. 몸에 혈전이 생겨 혈관을 막고 심장의 혈장도 막아서 심장질환도 일으킨다. 휴대폰 인터넷 각종 전자파에 노출되어 더욱 정전기가 쌓이면 치매 당뇨병을 유발시킨다.

뇌는 전기 신호로 돌아가는 하나의 전기 신호 공장이다. 외부의 전자파가 체내에 쌓이고 스트레스를 받으면 뇌의 전기 신호를 교란시켜 심하면 정신질환이 발생할 수 있다. 몸속 정전기를 없애는 방법은 전기 제품에 둘러싸인 집안의 구조를 개선하는 것도 하나의 방법이다. 특히 야간 영업하는 사람들은 신경을 써야 한다. 식습관을 개선하여 미네랄을 섭취함으로써 정전기를 중화시킬 수 있다. 중화현상이 일어나면 혈관의 흐름이 좋아지고 근육 및 피부가 정상적으로 회복된다. 신선한 해조류 채소나 절임 음식들도 즐겨 먹어야 한다. 늦잠을 피하고 수면 시간을 조절하는데도 신경을 써야 한다. 수면이 길어지면 몸속에 정전기가 쌓인다. 잠에서 깨면 정전기를 제거하기 위해 손발을 씻거나 화분의 흙을 만지거나 맨발로 흙을 밟는 것도 하나의 방법이다. 천천히 심호흡을 하면서 길게 내뱉는다. 평소에 뭉친 근육도 마사지를 통해 풀어 주면 부종이나 피부염에도 효과가 있다. 몸안에 독소가 적게 쌓이게 평소에 노력해야 한다.

시골에서 농사를 짓는 사람들이 장수하는 원인도 평소 생활이 독소 제거와 연관되어 있다. 오염된 실내 공기와 환경을 개선하고 면역 세포의 활성화를 위해 좋은 물을 하루 2리터 이상 먹어야 한다. 노폐물과 독소가 쌓이면 혈액 또한 오염이 되어 어혈이 생기는데 찐득해진 혈액은 모세혈관을 잘 통과하지 못해 신체의 장기와 각 기관에 필요한 영양분과 산소 공급에 막대한 지장을 준다. 병원균에 대항하는 면역 세포들의 활동도 위축된다. 먹는 음식은 소화되어 배출되지만 공기는 폐 속에서 혈관으로 섞여 활동하므로 좋은 공기를 마시는데 신경을 써야 한다. 주위에 공원이 있으면 가끔 둘러보는 것도 좋다. 밤에 자주 깨는 것은 의사들이 안 좋다고 하는데 오히려 기회로 삼고 방광에 찬 오물을 배출시키면서 심호흡을 통해 새로운 공기로 교체시키는 것이 좋다.

실내 온도와 습도 조절을 위해 물수건을 주위에 걸어 놓는 것도 잊지 말아야 한다. 나는 수건을 교체할 때마다 2분 정도 전립선 마사지를 한다. 음식이나 운동이 각종 독소를 방어하고 있는 림프계를 도와준다. 림프계의 순환이 원활하지 못하면 면역력이 떨어지는 것은 당연하다. 찬 음식도 주의해야 한다.

내가 옛날 중국 흑룡강성 목단시에 갔을 때 조선족들이 여름에도 찬물을 먹지 않고 항상 따뜻한 물을 먹는 모습을 본 적이 있다. 지금 생각해 보니 온도의 변화에 의하여 림프계의 활동에 지장이 있는 것이다. 먹는 속도는 빠르고 내보내는 속도가 늦으면 배변 활동이 저하되어 변비가 발생한다. 변비가 지속되면 노화 진행이 빠르게 이어지면서 심혈관 질환에도 위험 신호가 온다. 요양 시설에 입소한 사람들 대부분이 평소에 생활 습관을 잘 지키기 못해서 온 사람들이 대부분이다. 변비를 개선하려면 수용성 식이섬유를 많이 섭취해야 하는데 불용성 식이섬유도 염두에 두어야 한다. 장내 발암 물질이나 찌꺼기를 여러 독소 물질에 흡착시켜 불용성 식이섬유의 도움을 받아 함께 배출시켜 위의 부담이 줄어들게 된다. 핵산 식품은 매사에 기본 식품이다. 간식을 먹을 때도 수분을 많이 함유한 수용성 식이섬유와 곁들이면 소화에 도움이 된다.

평소에 게을러서 변비가 생겼으면 차전자피로 응급처치를 할 필요가 있다. 변비는 딱딱하게 변이 굳은 상태여서 변 자체에서 독소가 생기지는 않지만 복부 불편감에 이어 나중에 복막염의 위험이 따를 수 있다. 평소에 먹는 것이 소화에 지장이 없는지 천천히 오래 씹어야 할 것 같다. 우리 몸의 면역 세포 70%가 장 안에 존재한다. 만성적인 변비로 균형이 무너지면서 발생한 독소들이 장벽 혈액을 통해서 내장기관에 영향을 미친다. 변비는 대장암의 증상 중 하나로 연관성이 있다. 초기에 병이 진행된지도 모르고 지내다가 악화되기에 배변의 시간이나 색깔에도 신경을 써야 한다. 장기간 방치할 경우 대장 점막을 자극해서 다양한 장질환이 생긴다. 배변 시간이 오래 걸리면 덩달아 치질도 걸릴 수 있다. 나는 잠에서 깨는 시간도 체크하지만 대변 시간도 체크해서 하루에 한 번 할 수 있도록 식사량을 조절한다.

두 자녀 이상 낳아야 장수한다

정부가 아무리 좋은 저출산 정책을 내놓아도 별로 효과가 없다. 청년들이 결혼을 할 여건이 못 되거나 하더라도 늦게 하는 추세가 이어지고 있다. 평균 결혼 연령을 넘긴 30대 후반(35~39) 남성 가운데 열 중 넷이 미혼이다. 혼자 사는 게 편해서 결혼 안 한 남성도 있지만 가정을 꾸리는 게 힘들어서 아예 포기한 남성도 부쩍 늘어나고 있다. 결혼을 해도 문제 안 해도 문제가 되어 설 자리가 없는데도 수도권으로 몰리고 있다. 혹시나 좋은 일이 벌어질까 호기심으로 가득 차서 서울로 왔지만 별로 뾰족한 수가 없다. 남성들은 일자리와 소득의 불확실성, 여성들은 출산과 육아로 인한 뒷감당이 어렵기 때문이다. 아이를 낳지 않고 둘이서만 사는 딩크족이 늘고 있다. 2015년에는 16% 정도였는데 2022년 약 25% 아이를 낳더라도 한 명만

낳는 부부가 많아졌다. 둘째 이상 출생아 수가 2023년에 사상 처음으로 10만 명 밑으로 떨어졌다.

  2024년부터는 정부의 저출산 정책이 많이 좋아지고 신혼 부부 보금자리 주택을 지어서 아동 수당이나 양육비를 주는데도 신경을 쓰고 있다. 10여 년 훨씬 전부터 일어난 일들이 하루아침에 좋아질리 만무하다. 이제까지 나온 저출산 대책은 출산 이후를 지원하는 대책이었지 결혼과 출산을 촉진하는 정책이 아니었다. 기업도 수도권에서 확장을 못하게 하고 지방으로 분산시켜 수도권 쏠림 현상을 여러 방면에서 연구 방지해야 하는데 기업들이 우수한 인재들을 확보하기 위해 기업 소재도 수도권을 택한다. 그래도 기업이 지방에 분산되어 있으면 지방대생들의 정착이 유리하고 오히려 서울에서 지방으로 내려갈 수도 있다는 생각을 해본 적이 있다.

  현재의 7~80대 중에서 성공한 사람들은 처음에 셋방에서 시작한 사람이 많다. 사회생활을 하면서 여러 경험을 얻고 다음에 전세나 집을 샀던 것이다. 시골에서 올라온 총각들 중에는 처음에 동거부터 시작해 결혼에 성공한 사람들도 많다. 혼전 출산을 했을 경우 신고하면 동거 가족으로 인정받아 결혼 가족과 동일한 대우를 받을 수 있어야 한다. 유교 전통문화에서 부모 자녀가 끈끈한 정으로 얽혀 자녀 독립이 지연되는 경우가 허다하다. 캥거루족을 껴안는 한국 가족 문화가 저출산을 더 악화시킨다. 밖으로 내보내 색다른 맛을 보게 하여 남녀가 동거라도 하도록 유연성을 발휘해야 한다. 노모 밑에서 밥만 축내고 빈둥거리는 한량들이 늘어나는 추세를 막아야 한다. 일할 의지도 부족하고 부모의 재산만 넘보는 캥거루족은 언젠가는 인생에 실패할 수밖에 없다. 일단 사회 경험이 부족해서 사기도 당하고 출산도 못해 참다운 인생을 살지 못한다. 우선 편한 것이 좋아 은둔형 외톨이 신세가 지속된다.

출산 대책 중에서 더 중요한 것은 두 자녀 이상 출산이다. 공공기관에서 둘 이상 출산한 사람은 승진에 유리한 점수를 주는 방안도 필요하고 40세가 넘도록 한 명도 출산하지 않을 경우 심사를 거쳐 일찍 퇴출시키는 방향으로 나가야 한다. 두 자녀 이상 출산할 경우 자신의 건강에도 매우 유리하다. 암에 걸리지 않고 장수할 수 있다는 것이 여러 곳에서 검증되었다. 한국을 농경 사회에서 공업 사회로 번창하는 시기에 크게 부담을 갖지 않고 여러 자녀를 키워 나갔다. 있으면 있는 대로 없으면 없는 대로 자녀 교육을 시켰다. 집안 형편이 어려워 진학하지 못해도 불평 불만 없이 기술 방면으로 나가 성공하였다.

나는 할머니들과 이야기할 시간이 생기면 습관처럼 자녀가 몇이냐고 묻는다. 거의 다 두 자녀 이상이다. 남자에게는 지금도 성기능이 살아 있는지 나의 자랑을 늘어 놓으면서 슬쩍 테스트해 본다. 남성들은 반반인데 거의 다 부인과 함께 살며 약간 건강 상태가 좋지 않아도 부인 덕에 살고 있다는 것을 느꼈다. 여자가 오래 살아 자연스럽게 남자도 오래 산다.

여자도 90대가 되면 거동이 불편해지기 시작한다. 성남의 꼬부랑 할머니와 가연동 92세 할머니도 시장에 나오지 않는다. 성남의 할머니는 세 자녀 마포의 할머니는 두 자녀이다. 두 자녀 이상 출산해야 중년에 암에 걸리지 않고 90대까지 간다. TV 장수 프로에서 오 남매 이상 출산한 할머니들은 90을 뛰어넘어 100세까지 산 사람들도 많다. 지금도 시골에서 밭일을 하고 정신 상태도 70대 정도가 된다는 것이다.

가연동 할머니는 6·25 때 국민학교 교사 경력이 있어서인지 눈치가 빠르고 판단력이 정확하다. 지난 대선 때도 윤석열이 안 되면 큰일이라고 하며 나에게 상황 돌아가는 것을 물어보곤 했다. 지난번 책을 쓸 무렵에는 내가 양수에 대해서 질문을 하자 어떤 여자가 몸상태가 좋지 않았는데 임신을 하더니 개운해졌다는 이야기를 해주어 좋은 참고 자료가 되었다. 여자가 오래 사는 이유는 분명히 양수와 관계가 있는 것이다. 양수는 임신 중에 태아를 외부 충격으로부터 보호하는 역할을 한다. 양수에는 태아의 성장에 관여하는 여러 가지 유기물이나 무기물이 녹아 있다. 끊임없이 순환을 반복하여 임산부의 몸속으로 흡수되었다가 신선한 양수로 교체된다. 혈액 중 혈장이 양수로 만들어지는데 혈장의 대부분은 90% 이상이 물로 되어 있다. 혈장은 혈액을 구성하는 액체 성분이며 단백질을 비롯하여 알부민 레시틴 빌리루빈이 녹아 있으며 당과 포도당도 들어 있다. 농도 조절을 신장이 하겠지만 자주 양수로 빠져나

오면 신장의 기능이 편해진다. 임신하는 동안 양수를 통해 여러 독소가 빠져나오면서 혈액 순환이 조정된다. 아이를 둘 출산할 경우 5년 정도 5명 출산하면 10년 이상 몸의 각 기관의 순환이 이루어져 건강이 유지된다. 그때에 면역력이 형성되어 각 기관이 장수의 밑거름이 된다.

가락본동 살 때 네 여자를 겪어 보았다. 첫째 여자는 30대 미혼인데 유방암으로 떠났다. 처녀여서 유방 절제 수술을 안 했던 모양이다. 두 번째 여자는 남편이 속을 썩이는 바람에 스트레스를 많이 받아 유방암에 걸렸는데 절제 수술로 살아났다. 자녀가 둘이다. 세 번째는 노래방 여자인데 밤새도록 고스톱을 치고 개를 안고 다니면서 담배를 피워 댔다. 개가 담배 독이 올라서 그 독을 다시 노래방 여자가 마시면서 갑상선 암에 걸려 세상을 떴다. 자녀가 없다. 네 번째는 식당 여자인데 LPG 가스를 많이 마셨는지 뇌출혈로 병원에 장기간 입원했다가 살아왔다. 자녀가 둘이다. 이 경우를 보더라도 출산한 사람이 병마와 싸우는 데 유리하다.

종교계에서는 예수 이야기를 하느라 바빠서 출산 이야기할 틈도 없고 방송사에서는 홀로 사는 사람들을 부각시키는 프로는 있어도 출산을 많이 해야 장수한다는 말을 들어본 적이 없다. 공익과 사회적 책임감을 전혀 못 느끼고 있다. 인류 역사상 최악의 저출생국이란 불명예를 안은 한국은 어디까지 출산율이 내려갈 수 있는지 전 세계의 연구 대상이 되고 있다.

백내장 수술과 의사 부족

눈의 검은자와 홍채 뒤에는 투명한 안구 조직인 수정체가 존재하여 눈의 주된 굴절 기관으로 작용한다. 눈으로 들어온 빛은 수정체를 통과하면서 굴절되어 망막에 상을 맺게 되는데 백내장은 이러한 수정체가 혼탁해져 빛을 제대로 통과시키지 못하게 되면서 안개가 낀 것처럼 시야가 뿌옇게 보이게 되는 질환이다. 수정체에 백태가 끼어 시야가 흐려지게 나타나며 서서히 시력이 감퇴한다. 눈부심을 자주 느끼고 한쪽 눈으로 볼 때 물체가 겹쳐 보이기도 한다. 주로 50세 이후 눈에 노화가 오면서 나타나는데 젊은 층에서도 전자기기를 지나치게 사용하고 자외선과 미세먼지에 노출되면 안구건조증이 발생한다. 백내장의 근본적인 치료 방법은 수술이다. 최근에는 초음파 유화 흡입술을 통해 치료하는데 각막 윤부를 절개하고 혼탁된 수정체를 물처럼 유화 내지 액화시킨 후 흡입하여 제거한 후 인공 수정체를 삽입한다.

  나의 경험으로 봐서 백내장 수술 의사가 부족하다는 것을 실감했다. 가락본동 단골 안과에 정기검진을 받으러 갔는데 원장이 휴가를 가고 대신 다른 의사가 진료하고 있었다. 눈을 보더니 백내장이라고 하면서 올해 안에 수술을 받아야 한다고 했다. 심하지 않으면 처방만 해주면 되는데 원장이 없는 탓에 고생길이 열리고 말았다. 인터넷 검색으로 강남의 클리어 안과에서 백내장 수술을 한다고 해서 오랜만에 강남 구경도 하고 로또도 살 겸 가 보았다. 할머니 환자들이 너무 많아서 오래 기다린 끝에 6시 넘어서야 수술을 받았다.

  담당자가 그쪽 병원은 수술을 안 하냐고 물었다. 의뢰서를 첨부했기에 알면서도 묻는 이유가 이상하게 느껴졌다. 아니나 다를까 잠깐 동안에 수술을 끝냈다. 그때 당시에는 수급자여서 비용도 내지 않았기에 별로 탐탁치 않은 손님으로 취급받는 기분이었다. 다음 날 안대를 풀자 갑자기 오른쪽 눈이 이상해졌다. 직감적으로 얼렁뚱땅 수술을 한 것을 느낄 수 있었다. 환자가 밀려 있어서 피곤한 상태였던 것이다. 일주일 후에 가서 이야기를 했더니 왼쪽 수술을 하면 오른쪽 눈이 안 좋아질 수 있다고 대답했다. 또 예약을 해서 2023년 8월 7일 오른쪽 눈을 수술을 했다.

  나는 원장에게 따지며 다음번 책의 목차가 부족한데 백내장 수술에 대해서 책에다 쓴다고 했다. 담당 아가씨는 보험 혜택을 받아도 양쪽을 하니 돈을 더 내야 한다고 요구해서 수술을 엉망으로 해서 눈을 망쳐 놓고 무슨 돈타령이냐고 거절했다. 4~5시 사이인데도 그날은 손님이 많지 않아 여유 있게 수술을 했는데 전보다 시간이 오래 걸린 것 같았다.

다음 날 병원에 가서 수술한 왼쪽 눈도 안 좋다고 하자 레이저로 관찰을 하더니 약만 처방해 주었다. 오른쪽 눈 수술 전에 집에 가는 길에 몇 군데 병원을 가본 적이 있다. 어떤 병원은 엉뚱한 소리를 하고 송파 쪽 병원은 30만 원을 요구했다. 오금동 쪽 병원은 손님이 내년 봄까지 밀려 있다고 했다. 8월 말인데 말도 안 되는 소리를 지껄이고 있는 것이다. 의사 부족 현상이 뚜렷했다. 클리어 서울 안과에서 오른쪽 눈을 수술한 후에 왼쪽 눈은 병원 잘못이어서 레이저로 치료를 해주어야 하는데 상담하는 시간에 간호원에게서 연락이 오자 수술실로 뛰어가 버렸다. 알고 보니 원장 혼자 상담도 받고 그 많은 환자를 수술해 왔던 것이다. 대한민국 병원 원장 중에서 아마 제일 바쁜 사람인 것이다. 하루 종일 쉴 새가 없다. 남녀 직원이 10명이 넘고 병원의 규모가 커서 혼자 다 감당해내는 것이다.

어느 날 약처방을 받으러 갔는데 어떤 여자가 심심한지 종종 따라다녔다. 어디서 왔느냐고 물었더니 강북 쪽 수유리였다. 수술할 병원이 없는지 클리어 서울 안과가 잘한다고 소문이 났는지 모를 일이다. 원장과 상담하기 직전 기계로 눈검사를 하는 팀에 열 명이 고정되어 있다. 나에게 눈검사를 하라고 남자 직원이 왔다. 나는 화가 치밀어 올라 올 때마다 쓸데없는 눈검사만 하라고 한다며 거절했다. 참고로 원장이 보는 것인데 나로서는 아무 효과가 없었다는 일종의 시위였다. 접수계 담당자들 앞에서 소리 지르며 나의 본성이 터져 나왔다. 소리를 지르면서 수술을 엉망으로 하는데 무슨 손님이 이렇게 많은 줄 모르겠다고 고함도 질렀다. 손님이 15명 정도 앉아 있었는데 소란을 피우자 병원 순찰을 하는 담당자가 면담 요청을 해서 그동안 이야기를 들려주었다. 원장은 그 시간에도 수술을 하고 있었다. 6층인데 병원이 워낙 넓어서 수술실은 안 보인다.

나는 갈 때마다 양쪽 눈 처방전 약이 있어서 2024년이 지나고 3월이 왔는데도 아직도 약이 남아 있다. 약을 다 소비하면 당분간 병원에 가지 않고 관망해 볼 계획이다. 기초 수급자 해지가 되어 병원비도 아껴야 한다.

백내장 수술은 담당 의사가 실력이 부족하거나 얼렁뚱땅 수술을 해 버리면 후발성 백내장이 발생한다. 레이저를 통하여 비교적 간단하게 치료 받을 수 있는 질환이다. 다시 수술을 필요로 한 것이 아닌 간단히 레이저로 제거할 수 있다. 통증 없는 간단한 시술로 후낭에 생긴 혼탁해진 막에 빛이 통과하도록 레이저로 구멍을 뚫어 주는 간단한 치료이다. 내가 경기도 화성시 봉담읍 눈애 안과 광고를 보고 원장에게 설명을 해 주없는데도 아는지 모르는지 수술실로 달려가 버렸던 것이다.

  의사들이 책임 없는 행동을 많이 하면서도 정부의 방침에 반대만 했다. 민주당 의원들이 심심하면 시위를 하는 것을 보고 배웠는지 알 수 없다. 간호원이 위독한 환자를 응급 조치하는 것을 두고 의료 행위를 하니 법 위반이라고 한다. 그 소리는 의사가 있으면서 정상 업무를 할 경우에만 할 소리이다. 지나가는 들고양이들이 웃을 일이다.

미생물과의 경쟁과 전쟁

 미생물은 우리 몸의 대사 과정에서 여러 가지 역할을 한다. 사람이 음식을 안 먹으면 배고픔을 느낀다. 때가 되면 밥을 먹을 때 위액이 나온다. 기다려도 밥이 들어오지 않으면 위액이 힘들게 나오면서 배고픔을 느낀다.
 밥이나 일정한 영양소를 섭취하지 않으면서 에너지를 사용하면 미생물도 힘에 겨워 발광을 하기 시작한다. 허기가 져서 탄수화물이나 지방을 많이 섭취하면 유해균이 좋아하고 식이 섬유가 들어오면 유익균이 좋아한다. 중간 지대에 무익균이 있는데 쏠림 현상이 작용한다. 식사 시간이 지나 버려 바쁘게 움직이다가 공복 시에 호두나 옥수수 과일 등을 먹을 경우 몸속의 유익균이 늘어나는데 이때 무익균은 유익균에 합류한다. 이를 통해 질병을 일으킬 수 있는 유해균을 억제함으로써 장내 균의 밸런스를 유지하게 된다. 특히 공백기에 유해균에 이로운 음식을 섭취할 경우 염증성 간질환이 발생하고 각종 성인병의 단초가 된다. 정상 세균층에 포함된 대부분의 세균은 면역력이 멀쩡할 때는 가만이 있다가 면역력이 떨어질 때 설사를 하거나 질병을 일으킨다. 이런 세포들을 기회 감염균이라고 한다. 예를 들면 특정 장기에만 있어야 할 세균이 어떤 이유로 다른 장기로 이동하게 될 경우 반드시 사고를 저지른다. 특히 식사를 할 때 유산균은 탄수화물을 젖산으로 분해시키는 역할을 해서 유해균들의 입지를 좁히게 만든다. 유익균과 유해균의 비율이 85:15일 때 건강한 상태가 유지된다. 장내 미생물은 해로운 미생물들을 통제하고 그것들이 내장을 차지하는 것을 막으며 또한 면역 체계를 조절하는 역할을 한다. 미생물은 면역 세포의 촉진제 역할도 하며 암 예방에도 도움이 된다. 식단이나 생활 습관으로 독소 노출이 심해 몸속에 저질 미생물이 판을 치면 유전자에 돌연변이가 발생하여 암 발생을 유도하면서 우리의 DNA에도 영향을 미칠 수 있다.

  동양인들이 서양인보다 대체적으로 키가 작은 것도 최초의 DNA 파급 효과라고 볼 수 있는데 동양인들도 언제부터인가 키 큰 사람이 많이 늘어나는 현상은 부모들의 맞춤형 의학 전략으로 대응했다고 볼 수 있다. 활동 반경이 늘어나면 장내 미생물도 늘어나고 유익균이라고 불리는 프로바이오틱스를 섭취하면 신체 향상에 도움이 된다.

장내 미생물은 식이섬유를 먹고 산다. 야채나 과일은 물론이고 유산균이 풍부한 요구르트 같은 유제품 된장 고추장 김치 젓갈 치즈 등 발효 식품이다. 식초는 발효된 알코올이 미생물의 작용을 통해 산으로 변하여 얻어진 산성의 액체다. 맛을 내는데 주로 사용하지만 소화 촉진 혈당 관리 황산화 효과도 있다. 산성도로 인해 항균 및 항염증 특성이 있어 염증을 완화시켜 주고 상처 완화에도 도움이 된다. 어느 정도 자극성이 있기에 피부에 바르려면 물과 희석하여 사용해야 한다.

자기가 선호하는 것을 매일 먹는 것도 중요하지만 해로운 음식을 안 먹는 것이 더 중요하다. 일반적으로 대부분의 미생물은 섭씨 25도에서 30도의 토양 온도에서 가장 활동적이다. 좋은 토양에서는 드물지만 썩어 가는 퇴비나 예지물에서 발견된다.

우리 집안의 냉장고의 온도는 5도씨와 영하 18도가 적당하다. 냉동 상태에서도 살 수 있는 저온성 세균이다. 70도 이상 3~10분 가열해야 한다. 낮은 온도에서도 속도가 느릴 뿐 서서히 자라고 있다. 주방 조리대의 스펀지나 수세미는 미생물 배양기라고 할 만큼 많은 미생물이 산다. 습한 환경에 놓인 물건들은 자주 교체해야 한다.

결과적으로 자연환경과 식품 등에 있는 미생물은 살균하고 몸속에 있는 미생물은 간접적으로 줄인다는 생각을 하면 쉽게 이해가 간다. 여성보다도 남성이 대장 선종이나 대장암 앓는

환자가 많을 수밖에 없다. 남성 고령층에 비해 55세 이하는 유산균과 낙산균 분포가 많아서 발병률이 낮다. 아무래도 노년층은 담배나 술을 오랫동안 습관적으로 하면서 줄이지 못한다. 비만이고 배가 나온 사람들이 아무렇지도 않은 듯 거리를 활보하고 있다. 뱃살을 줄인다고 탄수화물을 적게 섭취하면 하루에 한 번 대변이 나오지 않고 이틀 이상이 걸릴 수도 있다. 독성 물질이 오랜 시간 동안 몸 안에 있다는 것은 생각만 해도 끔찍하다. 음식을 조절하여 하루에 한 번 모든 찌꺼기 미생물들을 몰아내야 한다. 균들도 시대에 호응해 항생제로 물리쳐도 새로운 슈퍼급 세균이 등장한다.

일본에서 붉은 누룩(홍국) 성분이 함유된 건강 보조식품을 복용한 뒤 신장 질환으로 사망한 것으로 추정되는 사람이 5명 이상으로 늘어나는 등 피해가 커지고 있다는 소식이 전해졌다. 고바야시 제약은 2024년 3월 29일 오사카시에서 기자회견을 열어 자사의 홍국 콜레스테롤 헬프를 섭취하고서 피해를 본 소비자들에게 사과하고 사건 경위와 대응 계획 등을 설명했다. 고바야시 제약 측은 자사 제품의 위해 성분에 대해 곰팡이로부터 생성됐을 가능성은 있지만 명확히 해명되지 않는다고 밝혔다. 붉은 누룩은 쌀 등을 발효시켜 붉게 만든 것으로 콜레스테롤 분해 효과 등이 있는 것으로 알려져 있으며 붉은 누룩 콜레스테롤 헬프는 2021년 발매 후 약 110만 개가 팔렸다. 전날(28일) 밤 기준으로 집계된 사망자 수는 5명, 입원 환자 수는 114명으로 각각 늘어났다. 현재 병원에 다니거나 통원을 희망하는 소비자도 약 680명에 달하는 것으로 파악됐다. 피해 사례는 대만에서도 들려왔다. 70대 여성은 고바야시 제약의 붉은 누룩 원료를 사용해 대만 업체가 제조한 건강 보조제를 수년간 섭취하다 지난해 3월 급성 신부전 진단을 받았다고 보도했다.

붉은 누룩은 일본의 전통적인 발효 식품으로 쌀과 누룩으로 발효시켜 만든 밥의 상태로 건강에 좋아 인기가 있는 건강식품이다. 발효한 산소가 없는 상태에서 미생물이 탄수화물을 분해하여 그 효소 작용으로 유기 물질을 전환시켜 에너지를 얻는 작용이다. 우리가 먹은 발효 식품은 몸속에서 중간균을 유익균 쪽으로 몰아준다. 유해균의 증식은 제조 과정에서 바이러스나 곰팡이 등이 증식하여 식중독을 유발할 수 있다. 오염된 원료나 환경 제조 과정에서 사용되는 쌀이나 누룩 그리고 제조 시설의 위생 상태가 불량하거나 오염되어 있을 경우 저장 및 유통 과정의 미미한 관리와 온도 습도 관리가 이루어지지 않은 경우의 제품이 생산되어 소비자가 먹었을 경우 위험할 수 있다.

한국에서 오랜 전통으로 장독대를 이용한 것은 숨을 쉬는 특성으로 인해 공기가 드나들면서 산소 공급이 원활해지며 부패균 발생률이 낮아져 식품의 보존 기간이 길어진다. 항아리는 좋은 흙으로 만들기에 통기성의 작용이 활발해진다.

유익균 중에는 게놈 미생물이 사람을 많이 움직이게 한다. 유익 효과는 어떻게 몸이 정상적으로 움직일까 하는 경쟁 심리도 작용하고 유해 효과는 몸을 망가뜨리는 1등 공신이어서 전쟁 선포를 하고 막아내야 한다.

암의 치유력 70%는 하나님의 뜻

　심각한 환경 오염과 급속한 산업화는 각종 생활 습관 병과 암 환자의 폭발적 증가를 가져왔다. 어느 특정 요인이 단독으로 일으키는 것이 아닌 오랜 시간 동안 과잉 물질에 노출이 되어서 정상적인 세포가 복합적인 원인에 의해 2차 3차 손상을 입게 되어 암세포로 변한다. 직업과도 관련이 있는데 건설직, 제조업, 운전 등에 종사하는 남성은 발암 물질인 석면 실리카 방사선 디젤 엔진 등과 밀접한 관계가 있기 때문이다. 돌연변이에 의해 암 억제 유전자가 비활성화되면 암이 발생한다.

　한 개의 세포가 분열 증식하여 3년째가 되면 1백만 개(팥알만 한 크기)가 되는데 8년째가 되면 1그램 무게의 암덩어리가 된다. 이때 비로소 의사의 진단을 받게 된다. 내장엔 감각 세포가 없어서 통각을 못 느낀다. 물론 각 부위에 따라서 다르겠지만 종양이 자라고 커져서 다른 신체 부위에 영향을 미쳐 이상 징후를 느꼈을 때야 알게 된다. 예를 들어 70대에 생활 습관이나 영양 조절을 못해서 이상이 생기면 80대에 가서 생명이 아슬아슬하고 80대부터 산화 스트레스나 독소 제거를 못해 몸의 균형이 깨지면 90대에 가서 생명에 지장이 온다.

  암을 이기는 길은 운동이나 식단이 중요한데 예방할 때 식물성 식단이었다면 치료 식단은 동물성 식단을 첨가시켜야 한다. 마음을 안정시키려면 억눌려 있는 감정을 해소하면서 스트레스를 줄이는 것이 기본이다. 삶의 목적이 무엇인지 왜 내가 더 살아야 하는지 목표 설정을 하면서 인연이 있는 사람들과 계속적으로 자주 만나 대화하는 것이 한번이라도 더 웃을 수 있는 기회가 된다. 체온이 올라가야 혈액 순환이 잘 된다. 항상 36.5도를 유지해야 한다. 혈액이 원활하게 흘러 혈류량이 증가하면 몸을 구성하는 세포에 충분한 산소와 영양이 공급되어 자율 신경계가 균형을 이루어 같은 운동량이라도 근육 회복이 원활하게 생성된다. 뼈도 튼튼해져 골다공증을 예방한다.

  한국인들이 아침밥을 소홀히 생각한다는 보도가 있었다. 직장이 멀거나 야간 작업을 해서 늦게 일어날 수도 있고 1인 가구인 경우도 있다. 아침 식사를 먹다 안 먹다 하면 안 되고 먹으면 계속 먹고 안 먹으면 간식으로 한끼를 채워야 한다. 의사들이 소식을 하고 탄수화물을 적게 섭취하라고 한다고 해서 멋대로 식사를 하면 대장암에 걸린다.

물은 찬물을 피하고 만들어 먹을 수 있다. 산속의 자연인들이 미네랄이 풍부하고 오염되지 않은 자연수를 마시는 것을 TV에서 보고 정수기나 생수를 고집할 필요는 없다. 작은 주전자의 끓는 물에 일회용 커피 반 생강차 2스푼 대추차 1스푼에 녹차를 혼합하는 물을 24시간 간격으로 조금씩 마시면 효과가 있다.

암은 남에게 전염되지 않기에 병이 아니다는 생각을 갖고 자신감으로 편하게 살면 된다. 암은 정상 세포의 면역 체계들이 한눈을 파는 사이 활성산소가 바이러스 박테리아 등과 같이 침범하여 정상 세포의 자리를 빼앗고 활개치면서 영양분까지 독차지한다. 이놈들을 제거하는데는 세 가지 방법만 구사하면 된다.

첫째는 음식으로 먹는 항산화제다. 신선한 채소와 과일의 핵산 식품을 먹는다. 둘째는 공기로 마시는 항산화제다. 음이온 공기와 깨끗한 공기를 말하는데 먼지나 오염 물질의 유해 입자에 달라붙어 효과적으로 중화하고 공기를 더 신선하고 숨쉬기 쉽게 한다. 숨이 막힐 정도로 심하게 유산소 운동을 하면 산소 포도화가 낮아서 빨리 사라진다. 다른 지역으로 옮기기 전에 제거하려면 얕은 산을 등산하면서 계속적으로 맑은 공기를 마시는 방법이다. 셋째가 운동으로 맹신하는 항산화제다. 적절한 운동을 할 때 체내 항산화제의 생산이 증가한다. 규칙적인 운동은 우리 몸에서 자체 생산되는 항산화제인 글루타치

온 효소의 생성이 증가되고 에너지의 대사가 잘 진행된다. 운동도 적당히 해야지 과도한 운동은 활성 산소를 감당하기가 힘드니 조심해야 한다.

평상시의 생활 습관은 긍정적 감정과 영적 활동을 강화해야 하는 것이 중요하다. 영적 연결은 내면과의 고요한 만남을 의미한다. 쉼이 부족한 현대인에게는 자연 속에서의 산책 기도 명상 등 정신적인 행위가 필요하다. 이렇게 마음이 고요해지면 몸도 변한다. 호흡과 심장 박동이 느려지고 몸의 치유 능력이 활성화된다. 영적 연결을 강화하기 위해서는 종교 활동과 기도가 효과적이다. 좋은 삶이란 많은 사람들이 믿는 긍정적인 가치와 자신의 지금 하는 일이 합치되는 것을 의미한다. 내가 그 일을 정말 사랑하고 또 하고 싶어하며 일을 하는 가운데 충만한 성취감을 느낄 때 바라는 성과를 얻는다. 타인과의 의미 있는 관계를 유지하면서 목적 달성을 위해 함께 사랑의 실천을 하는 것이 영성의 시작이다. 좋을 습관은 좋은 행동을 이루며 좋을 행동은 좋은 신앙을 이룬다. 삶 속에서 성령 체험의 연습과 훈련을 해야 한다. 순종 용서 섬김 사랑을 꾸준히 반복 연습해야 한다. 하나님께서 기뻐하시는 좋은 신앙은 매일의 삶에서 나타나는 영적인 좋은 습관이다. 신앙과 건강과 성품이 아주 밀접한 관계에 있음을 깨닫게 된다.

암은 얼마나 오랫동안 순종적이고 구체적인 습관으로 살아왔느냐의 결과물이다. 암의 증상이 나타난 것은 오랫동안 영적인 생활 습관을 안 했기에 몰랐다는 증거다. 일단 심리 상태가 중요하다. 음식을 너무 가려 먹는다든지 불안한 상태를 유지하다가 안전사고를 일으킨다. 암보다 더 위험하다. 감정적인 스트레스가 몸의 저항력을 약화시키면서 병을 더 키우는 경우도 있다. 자포자기도 금물이다. 마지막 인생에서 무언가를 해 보겠다고 하면 자신도 모르게 오래 살게 된다. 나머지 의사 20%, 약이 10%인데 암은 의술로 치유할 수 없고 연장은 시킬 수 있다. 의사의 말 한마디가 몇 년을 더 살게 할 수도 있다. 그만큼 환자의 안정이 중요하다. 환자가 안정을 찾고 지금부터라도 영적인 생활을 한다면 하나님께서 보살펴 주신다.

 암에 걸리지 않은 사람도 어느 정도 진행이 시작되고 있는 줄은 아무도 모른다. 걸렸다고 생각하고 치유하는 마음으로 부위별로 신경을 써야 한다. 약의 남용도 문제다. 진통 소염제나 항생제 또는 어떤 약을 의사의 처방 없이 장기적으로 복용할 경우 약물 알레르기가 나타난다. 대체적으로 남성보다 여성에게서 비율이 높다. 치료약이 내 몸에 질병을 줄 수도 있으니 조심해야 한다. 평소에 좋은 생각을 하고 있으면 하나님께서 에너지를 넣어 주신다.

가속 노화를 일으키는 요소들

 가속 노화는 실제 나이보다 노화가 더 빠르게 진행되는 현상이다. 신체 기능의 노쇠화를 속도로 나타낸 생물학적 개념으로 신체가 빠르게 늙어 가는 개념이다.
 20세기까지만 해도 오래 사는데 관심은 있었지만 21세기 와서는 늙음은 그 자체로 병이라며 건강하게 사는 것이 제대로 오래 사는 것이라며 장수하는 데 관심이 커졌다. 그러나 문화가 발달할수록 젊은 세대들은 활동량이 줄어들면서 자동차나 킥보드 핸드폰을 자주 사용하여 운동량이 떨어지기 시작했다. 남성들은 직장 생활에 쫓기다 보니 피자 치킨 햄버거 등 기름진 음식과 탄산 음료로 대용식을 하기도 하고 여성들은 저출산으로 세포 기능이 저하돼 각종 암에 저항하는데 면역력이 떨어져 노화가 빨리 왔다. 남녀 공동으로는 담배나 술의 영향력도 컸다. 옛날 여성들에게는 꿈도 꾸지 못할 일이 현대 여성에게 벌어지고 있으며 남성들도 여성들의 생활권에서 쉽게 벗어날 수 없게 되어 버렸다. 앞으로는 노년 인구도 현저히 줄어들 것으로 예상된다.

  나는 남의 피부에만 관심을 두었지 나의 피부에는 전혀 무관심이었다. 옛적에 이발소에 다니면서 아가씨들 춤을 가르치던 시절에는 여기저기 마사지도 받아 보았지만 세월을 이길 장사 없듯이 얼굴에 회색빛이 타오르고 검버섯이 피어나자 이재명이 스트레스를 주어서 그렇다고 핑계를 대기도 했다. 피부 나이는 나이 들면서 동시 작용으로 빠르게 노화되기 때문에 피부 속 영양 관리에도 신경을 써야 한다. 젊을 남성들을 젊은 대로 나이 든 남성은 늙은 대로 자연스럽게 생각하며 피부에 크게 관심을 두지 않는 편이다. 피부도 가속화 현상이 생기면 20대 후반부터 증상이 서서히 나타나기 때문에 얼굴에 관심을 가져야 한다. 얼굴이 거칠어지기 시작하면 제어하기 힘들다. 피부는 젊을 때부터 어떻게 관리하느냐에 따라 주름이나 탄력이 같은 나이 또래들과 차이가 드러난다. 첫 대면이 얼굴인데 안 좋으면 그 사람의 값어치는 그만큼 떨어진다. 피부는 몸 전체의 상태를 그대로 나타내는 꼴이 되어서 피부가 건강하면 몸도 건강하다. 호흡을 통해 생성되는 활성 산소가 각종 질병을 유발시킬 뿐 아니라 피부 노화에도 직결된다. 활성 산소가 생체를 산화시켜 주름살이나 기미 주근깨 검버섯이 생기는데

어설픈 화장품으로 제거되지 않는다. 핵산 식품이나 항산화 비타민을 꾸준히 복용하면 질병 예방도 되고 피부도 좋아지는 일거양득이 될 수 있다.

늙는다는 것은 유해 산소가 지방 단백질과 DNA를 포함한 세포의 모든 분자들에게 해를 끼치기 때문이다. 우리가 호흡을 하면서 산소를 마시는데 90% 이상은 세포의 대사에 좋은 영향을 주지만 나머지 산소는 질이 안 좋은 대기 오염에 쉽게 동화되어 과산화 성분을 만들면서 세포를 파괴한다. 산이나 들로 맑은 공기를 마시러 가는 이유는 전체적으로 공기가 좋아서 유해 산소가 발생하지 않기 때문이다. 혈액이 정상 가동하면 바이러스 침범도 쉽게 막을 수 있다. 가속 노화 속도 조절을 하고 저속 노화로 가기 위해서는 내재 역량을 강화해야 한다. 의사들이 보통 4가지를 강조하고 있다.

첫째 나에게 중요한 것은 삶의 가치를 찾는 일이다. 쓸데없는 것을 소비하지 않고 남과 비교하지 않으며 내 삶에 중요한 것들에 몰입하고 성취하는 것이다. 둘째 이동성에서 중요한 것은 운동과 이동을 구분하지 않는 것이다. 엘리베이터에 의존하지 않고 생활 속에서 자연스럽게 몸을 움직이는 것이다. 셋째 마음 건강인데 쓸데없는 스트레스를 없애는 것이다. 불필요한 것들을 욕망하는 것은 건강한 삶과 거리가 멀다. 넷째 질병 예방이다. 무엇을 먹는가가 중요하다. 초가공 식품 천국인 요즘 건강 식단을 유지하기 위해 신경을 써야 한다. 먹는

게 곧 나다라고 의식하면서 통곡물 채소 위주를 섭취하면서 가공 식품과 단순당을 멀리해야 한다. 내재 역량은 너무나 광범위한 개념이어서 지난번 책에 썼던 것과 얼마나 관련이 있었는지 적어 본다. 제목 〈게을러지면 암과 멀어진다〉에서 간추려 본다.

  게으른 동안 생각할 여유가 있어서 휴식 시간이나 여가 시간을 자주 갖는다. 남의 일에도 뛰어들지 않고 느리게 행동하며 스트레스를 받지 않고 항상 편안한 상태 그 자체이다. 생활 환경이 안정되고 한가하고 심심할 정도로 쉼이 충분하면 암은 생기지 않는다. 암은 내분비다. 면역체계의 질병이어서 마음이 편하면 무의식 속에서 항체가 보초를 서고 있다가 의심스러운 적이 나타나면 즉시 체포한다. 모든 현대 병은 마음이 안정되지 못한 상태에서 발생한다. 살 만큼 살았는데 암 정도야 하면서 걸렸으면 진작 걸렸지 낙담을 하기도 한다. 무엇보다도 적당한 운동과 많은 공기를 마시면 우리 몸 자체에서 항산화제를 생산하는데 도움이 된다. 특별히 힘든 일도 하지 않고 있는데 피로가 겹치고 가끔 어지럼증이나 두통이 오면 요사이 어떤 음식을 먹고 있는지 점검할 필요가 있다.

  철분 섭취가 부족할 경우 산소와 혈액이 원활하게 공급되지 못해 여러 가지 증상이 나타난다. 인터넷에 열중한다든지 외출을 못해서 햇빛을 쬐지 못했을 경우는 식사 중에 과일을 함께 섭취하는 것도 방법이다. 암 치료가 끝난 사람이나 홀로 된 사람들은 매일 먹는 기호 식품(콩 종류, 멸치, 계란, 해조류) 외에 효소가 들어 있는 식품을 생식과 함께 50도 내로 끓이면서 섭취하면 체내의 독소 제거에 도움이 된다.(이하 줄임)

새삼스럽게 지난 책에서 내용을 간추려 본 이유는 중요한 것을 하나 빠트렸기 때문이다. 느리게 움직이다가 직장에 나가서 갑자기 힘든 일을 하면 에너지가 빨리 소비된다. 새로운 에너지를 보충해야 하는데 시간이 걸린다. 아침에 무엇을 먹고 나갔느냐도 문제가 된다. 옛날 시골 일꾼들은 아침밥을 고봉으로 먹는 것을 보았다. 에너지는 탄수화물 물 산소를 첨가해서 만들어지는데 혹시라도 공기가 안 좋은 밀폐된 장소에서 힘든 노동일을 했다면 체온도 조절이 안 되어 그야말로 노화를 촉진하게 된다. 세포와 더불어 각 기관이 손상을 입는다.

스트레스를 심하게 받아 화를 내도 에너지가 많이 소모되기 때문에 직장인들은 아침을 간단하게 먹고 나갔다가는 큰코다친다. 생명의 속도와 노화는 에너지 소비와 관계가 있고 에너지는 스트레스 받는 비중을 차지한다는 것도 깨우쳤다. 장기간 환경적 스트레스에 시달리면 언젠가부터 화병의 증세가 나타난다. 화 나는 일을 당했을 때 곧바로 받아치기로 화를 내면 스트레스가 해소되어 병이 되지 않는다. 남성들이 마음속의 폭탄을 준비하고 있다가 터뜨린다. 50~60대 여성에게서도 많이 보이는데 고되고 억압된 시집살이를 오래한 끝에 노년이 되면 신경이 예민해져서 화를 낸다. 요즈음 30~40대 여성들도 직장에서 시달림을 받으면서 속으로 삭이고 있다가 점차 진전된다. 노화의 시작이다. 스트레스는 인간이 사는 동안 없을 수가 없다. 가장 흔한 것이 외부의 환경 온도이다. 헤어나기 위해서는 훈련을 통해 대처할 수 있는 능력을 길러야 한다. 모든 질환의 원인이 되는 스트레스를 줄일 수 있을 때 가속 노화도 막을 수 있다.

제4부 동행하는 삶

독신의 갱년기는 웃음으로 치료

청년 1인 가구가 늘어나는 현상은 단기적이냐 장기적이냐가 문제가 된다. 직장 가까운 곳에 임시 거주하는 것은 생활의 만족도가 떨어지지만 희망이 있어 다행이다. 형태도 여러 가지다. 서울에 집이 있으면서 임시 거주하는 경우와 지방에서 올라와 거처를 마련하는 경우 또는 사업상 주말부부 늙어서 독신이 된 경우 등….

결혼하기 전에 혼자 살아 보는 것도 인생에 많은 도움이 된다. 자취 생활 경험은 노후에 식생활을 해결할 수 있고 결혼 생활을 하면서도 부인을 도와줄 수 있다. 1인 가구가 많다는 것은 그만큼 사연 있는 사람들이 많다는 것이다. 갈수록 세상살이가 팍팍해져서 처음부터 결혼을 못했거나 이혼 또는 사별해서 홀로 사는 사람들이 많은 것이다. 젊었을 때는 임시 동거로 세월을 보내기도 하고 애인을 두어 크게 불편함이 없겠지만 언젠가는 혼자가 된다. 이때에 독신의 갱년기 극복이 필요한 것이다. 독신자들은 혼자 마음이 편해서 기혼자보다 더 오래 살 것 같지만 통계를 보면 10년 이상 수명 차이가 난다는 연구 결과가 나온 적이 있다. 배우자가 버팀목이 되어 주어 이것저것 챙겨 주면 안정감을 느낄 수 있다. 그리고 적당한 스트레스도 건강에 도움이 된다. 부부간 섹스로 인해 모든 것이 커버가 된다. 결혼 생활은 행복과 불행이 오고 가야 알콩달콩한 생활의 묘미를 맛볼 수 있다. 혼자 살면서 평생 동안 편하거나 불안하면 신체의 밸런스가 요동치지 않아 오히려 단명한다는 이론이다. 갱년기를 어떻게 보내느냐가 관건이다.

여성의 경우 갱년기는 45세에서 55세 사이에 반드시 일어나지만 남성은 빈도가 약하다 강하다를 반복한다. 여성은 10년이지만 남성은 20년이 될 수도 있다. 여성은 누구나 극복이 가능하지만 남성은 영원히 극복이 안 되는 경우가 있다는 것이 차이점이다. 여성은 자연스러운 생물학적 과정인 폐경기만 극복하면 된다. 건강한 식단과 스트레스 관리를 하면서 때를 기다리면 된다. 증상 완화를 위한 호르몬 대체요법이나 약물 투여 방법이 있으며 자연요법으로 보충제를 사용하여 안정시킬 수 있다. 겪는 동안 차도가 있겠지만 시간이 지나면 자연스럽게 감소한다.

남성은 극복을 잘못 할 경우 성기능 장애가 오는 것이 가장 걱정거리다. 발기부전의 원인은 혈관이 좁아지거나 혈액 순환이 저하되면 음경으로 가는 혈액량이 감소하여 유발하는 병이다. 여러 가지 성인병과도 연관성이 있겠지만 특히 허리가 부상을 입으면 남자의 성은 끝이다. 그만큼 허리가 중요하다. 다음으로 호르몬 감소인데 알코올이나 약물 과다 복용시 감소한다. 갱년기에 대해서 신경을 끊거나 과민하게 받아들일 필요는 없겠지만 무심히 넘기다 보면 앞으로의 삶의 질이 저하될 뿐 아니라 건강에 치명적인 위험이 될 수도 있다.

  호르몬이 일정하게 유지되지 않으면 뇌에서 기분을 좋게 하는 신경 조달 물질인 세로토닌이 줄어든다. 성욕 감퇴를 느끼면서 성생활을 소홀히 하면 테스토스테론 농도가 더욱 떨어지기 시작한다. 스킨십을 유발하여 부부 관계를 적극적으로 가지려고 노력해야 한다. 호르몬 수치가 줄어들면 관절이 이상이 올 수도 있고 허리에 영향을 미칠 수 있다. 독신들은 일정한 파트너를 만들어 놓고 규칙적으로 성을 해소해야 장수할 수 있다.

성의 분출은 AI 섹스봇으로

하루가 멀다 하고 성범죄가 발생하는데 해결 방법을 찾지 못하고 있다. 성욕은 인간의 욕구 중에서도 중요하다. 욕구를 해소하는 방법은 스스로 해결하거나 타인의 신체를 빌려 배출할 수 있다. 많은 사람들이 각자의 상황에 맞는 방법으로 해소하려고 하지만 어려운 상황에 직면하고 있다. 이성과 맺는 관계가 가장 이상적이지만 사람 없이 욕구만 분출시키려는 방법은 제한을 받는다.

정상적이고 규칙적인 욕구가 해결되지 않은 상태에서 사회생활을 하다 보면 욕구 불만이 쌓여 자신도 모르게 성범죄를 저지르게 된다. 도덕성이나 법의 테두리 안에서 남에게 피해를 주지 않으려고 해도 자연스러운 성의 욕구는 절제하기가 쉽지 않다. 성매매 행위는 법으로 금지되어 있어서 공창제도를 개선하여 남성들의 성폭력을 없애자는 의견도 나온 적이 있었지만 쉽지 않다. 사회가 요란하다 보니 그 틈새를 노려 마약을 하며 집단 성파티를 하는 경우도 있고 이것도 저것도 안 되면 성폭행하는 경우도 허다하다.

여성들은 인터넷 채팅을 통해 남성들을 유인하여 술에 취해 잠든 척하여 신체 접촉을 유도한 후 성범죄를 빌미로 겁을 주며 합의금을 갈취하기도 한다. 허위로 성폭행 신고를 하는 여성들도 생각보다 많으니 조심하고 자기 관리를 잘해야 한다. 미투 사건으로 인생을 망친 사람은 얼마나 불쌍한가. 성관계 시 동의가 애매한 문제로 부각되어 재판 과정에서도 동의 여부를 입증하기 어렵다. 남성이 시도를 하려고 할 때 우물쭈물하면서 말로는 싫다는 의사표시만 할 뿐 못 이긴 척 슬쩍 넘어가는 형식이다. 여성이 완강히 거절하면 폭행과 협박이 이루어져 강간죄가 성립하는데 상대가 전과자나 사회 유명 인사일 경우 걸고 넘어진다. 합의에 의한 성관계 후 정식 교제 요구를 거절당하자 상대 남성을 강간죄로 허위 고소한 경우와 유부녀가 남편 몰래 성매매를 하고 발각되자 상대 남성을 성폭행 혐의로 허위 신고해 이혼에 불리한 상황을 미리 제거하기도 한다. 서로 좋아했다가 관계가 끊어지면 상대가 공무원일 경우 성폭행 신고도 한다. 성범죄 누명을 쓰면 추후에 혐의 없다고 밝혀져도 한번 손상된 명예는 회복되기 어렵다. 매사에 조심하는 것이 상책이다.

성생활의 아쉬움을 달래기 위해 리얼돌을 사용할 수 있다. 성적으로 소외된 사람들을 위해 필요하지만 개방이 안 되어 구입하기가 어려워졌다. 리얼돌은 150cm가량의 길이로 전체적인 외관이나 신체 부위가 실제 사람과 비슷하게 만들어졌다. 여성 단체들이 아동의 성을 상품화한다며 적극 반대 입장에 나섰다. 리얼돌을 강간 인형이라고 하면서 수입 제작 영업 금지를 주장했다. 남성 성욕의 일방적인 방출을 목적으로 설계되어 리얼돌과의 성관계를 경험한 남성들은 현실의 여성에게 적용해 성범죄를 일으킨다는 것이다. 이에 대해 성적인 내용을 대외적으로 드러내는 음란물과는 달리 성기구는 사용자의 성적 욕구 충족에 따라 은밀하게 사용되는 도구에 지나지 않기 때문에 국가가 개인의 사적이고 은밀한 영역에 개입하는 것은 옳지 않다. 외국의 선진국에서는 규제를 하지 않고 있다. 여성들이 남성의 성 홍분 상태를 모르고 한 말이다. 극도로 홍분되면 물불을 가리지 못한다. 발산시켜 버리면 잠잠해지고 얼마 동안 여자에 대한 잡념이 사라진다. 리얼돌을 사용했다고 해서 리얼돌과 비슷한 여성을 찾지 않는다. 될 수 있으면 정신적으로 통하고 감싸주는 상대를 좋아한다. 성관계 시에도 눈을 감고 있는 여자보다도 애교를 떨고 리드를 잘하는 여성을 좋아하는데 리얼돌 같은 인형이 무엇을 알겠는가. 리얼돌 때문에 성범죄가 줄어들지 더 늘어난다는 여성 전문가들의 말은 남성에 대한 연구 부족이다. 성 상대가 없는 남성이 리얼돌이 있으면 남들에게 시간적 경제적으로 낭비하지 않고 안정된 마음을 가질 수 있다.

미래에는 AI가 비서 활동을 하면서 성적 보조 역할을 할 것이다. 과거의 수동적인 섹스봇이 단순히 자위행위를 돕는 것이었다면 미래의 섹스봇은 능동적인 가상의 파트너가 될 수 있다. 외국에서는 AI로봇과 결혼한 남자도 있고 중국에서는 리얼돌과 섹스봇이 판매되고 있다. 로봇은 항상 있는 그대로 주인에게 순종할 뿐 속썩일 일이 전혀 없다는 것이 장점이다. 모든 신체 부위도 완벽하게 갖추어져 있다. 성기와 감미로운 유방 부드러운 입술 자신의 키에 맞는 섹스봇을 호텔에서도 주문할 수 있는 시대가 다가오고 있다.

전쟁이 자주 발생하는 지역에서는 여성용 섹스봇이 필요할 수도 있다. 성적 충동은 방출 충동과 접촉 충동이 있는데 여성들의 경우 접촉 충동이 강해서 로봇과 사랑을 나눌 수도 있다. 절실하게 필요한 나라는 중국이다. 전통적으로 남아 선호하는 문화가 오랫동안 지속되어 오다 보니 남성 인구가 여성보다 너무 많아서 파트너 구하기가 쉽지 않다. 한국은 출산율이 계속 떨어지고 있어서 AI 로봇 사용은 나이 제한이 불가피하다. 나의 개인적인 생각은 리얼돌은 40대 이후 섹스봇은 60세 이후가 적당할 것 같다. 50대까지는 늦둥이라도 출산을 하자는 의미에서이다. 그리고 리얼돌 같은 성인용품도 쉽게 구입할 수 있어야 규제의 값어치가 살아날 것이다.

재혼은 아무나 하나

초혼에 실패할 경우 나이가 젊을수록 재혼을 서두르는 경향이 있다. 충분한 준비와 소통이 이루어지지 않은 상태에서의 결합은 또 실패할 수 있다. 첫 결혼은 잔뜩 기대에 부풀어서 자신이 베풀려는 마음보다는 덕을 보려는 마음이 잔재해 있을 수도 있다. 남녀가 결혼할 때 조건과 사랑으로 만남을 이어 가지만 각자의 근본 태생이 좋지 않으면 길게 가지 못한다.

옛날 시골에서는 상대방 부모를 보고 결혼을 했기에 실패를 하지 않았다. 도시에서는 중매쟁이나 결혼 상담소에서 온갖 감언이설로 유도하기 때문에 언뜻 직업과 경제력이 있으면 결혼하기 쉽다. 상대의 자라온 환경이나 인간 됨됨이는 어떻게 하루아침에 판단할 수 있겠는가 초혼 실패 원인이 남녀 똑같이 상대를 잘못 판단했다고 뒤늦게 후회한다.

재혼은 더 어렵다. 일단 재혼 상대가 결혼 생활을 이어 오다 어떤 사연으로 이혼했으며 좋은 구석이 있는지 살펴보아야 한다. 자신도 마찬가지이기 때문이다. 눈치로 대강 알 수 있지만 그렇다고 전 상대와 비교할 필요까지는 없다. 상대의 자녀가 없으면 좋겠지만 대부분 자녀가 있는 것이 정상적이다. 자녀가 있는 경우에는 재혼에 앞서 진정한 홀로서기를 해야 한다. 안정적인 직장에 나가든지 어떤 자영업을 하여 생활에 구애받지 않는 상태가 되면 자녀들이 있어도 여유를 갖고 좋은 상대를 구할 수 있다. 한번 실수했는데 또 재혼에 실패하면 치욕적이고 치명적인 신세가 되고 만다.

①40~50대의 좋은 상대의 남성은 부인이 병이나 사고로 사망했을 경우이다. 남녀가 다 해당된다. 남자 자신의 외도나 술 도박으로 인한 것이 아닌 상대 배우자의 잘못으로 이혼한 경우이다. 집과 직업이 있으면 어느 정도 신상 파악이 된다. 좋은 여자란 외모나 경제력이 있다고 해서 기대하기 어렵다. 성격이 다혈질인지 고향과 어렸을 때 자란 곳이 어딘지 무슨 일을 했고 이혼 사유가 무엇인지 보면 대강 답이 나온다. 남녀 각자가 인생을 살아 보아서 경험이 있고 판단력도 좋아 미심쩍은 사항이 조금이라도 있으면 속도 조절이 필요하다. 젊어서 여유가 있지만 성문제가 중요하기 때문에 일단 친구로 사귀어 보든지 아니면 임시 동거를 해보는 것도 도움이 된다. 속궁합이 맞아야 앞으로 남은 인생을 살아가는데 주기적으로 섹

스를 할 수 있어서 활기찬 사회생활을 할 수 있다.

②50~60대의 좋은 남자란 여성 외모보다 인간성을 중요시하고 직장이나 주변에서 나쁜 소문에 휘말리지 않으면서 한 가지 특기가 있으면 인기가 있다. 좋은 여자란 전 남편의 시댁과 원한 관계가 없이 헤어졌으며 종교관이 무난하고 애완견을 기르지 않으면 좋은 편이다. 남성들이 60대에 접어들면 이것도 저것도 스트레스 받기 싫다며 동남아 여성을 선호하는 경우가 있는데 4, 50대까지는 장해를 염려하여 그런 대로 버티지만 나이 든 남성에게는 경우에 따라 처음부터 사기 결혼을 작정하고 나서는 경우가 종종 있다. 사소한 일로 남편에게 시비를 걸거나 잠자리도 갖지 않아 남편이 화를 내면서 욕지거리를 하면 슬쩍 녹음을 해 두었다가 브로커와 연락을 한다. 이혼의 서곡이다. 폭력을 유도해 가정 폭력으로 신고하면 남편이 불리해진다. 국제 결혼한 여성들은 인권 여성 단체를 이용한다. 중년을 지나면서 몸의 변화가 심한 시기이다. 갱년기 후유증이 조금 남아 있어서 마음의 안정을 찾아야 한다.

③60~70대의 황혼 재혼이다. 남녀가 비교적 사회생활을 성실하게 잘했다고 볼 수 있다. 그런데도 여성 중에서는 남은 인생을 남편의 손아귀에서 벗어나 해방되어 편하게 마무리하고 싶은 여성들이 있다. 남편의 잘못한 점이 많았는데 참아 왔을 경우도 있고 다른 여러 가지 이유도 많을 것이다. 각방을 오래 써서 정이 떨어진 사람도 있다. 황혼 이혼이 더 쉬울 것 같지

만 까다로운 문제가 뒤따른다. 재산이 많을 경우 사전 재산 정리와 자녀들과의 관계이다. 여러 가지 문제가 복잡할 경우 변호사와 상담하는 것이 급선무다. 자녀들과 갈등이 심할 경우 재혼이 아닌 동거를 해 보다가 적당한 기회를 보는 것도 방법이나 황혼길에 혼자 밤을 지새우는 것도 고역이다. 잘못 해서 안전사고를 당하면 뇌졸증이나 치매의 위험이 다가온다. 갑자기 홀로 된 사람들은 여러 가지 분별력이 떨어져 배우자와 함께 사는 것보다 사망률이 높았다는 연구 결과도 나온 적이 있다. 이혼이나 사별을 한 외로운 노년은 새로운 인연과 밤을 함께 보내는 것만으로도 큰 위안이 된다.

보이지 않는 사랑과 질투

　나를 누군가가 보고 있는데 보이지 않는다. 우리가 살아가는 세상은 눈으로 확인할 수 있는 물질세계와 보이지 않는 의식세계가 있다. 물질은 변신을 하면 잘 알아볼 수가 없다. 자연에서 인간 동물 물건 등이 있는데 이들은 한시적이며 영원할 수 없다. 조물주가 창조한 그것들이 변하지 않으면 세상이 순조롭게 진행되는데 자꾸 변하기 때문에 논쟁이 일어나고 전쟁이 일어나서 인간들이 제 수명을 살지 못한다. 러시아나 이스라엘이 절실하게 보여 주고 있는 장면이다.

　보이지 않는 것들 중에는 보일 듯 말 듯 유혹을 하기도 하고 숨기도 한다. 그중에는 인간의 질투 증오 사랑도 포함된다. 인간의 육체는 거의 닮은꼴이어서 쉽게 티가 나지 않는다. 자신을 독특하게 보이기 위해서 여러 장식과 옷으로 치장을 하여 폼내고 다닌다. 어떤 여자들은 알아주지 않는 자신을 돋보이게 하기 위해 보일 듯 말 듯 가위질을 하고 다니거나 가슴을 돋보이게 한다. 남성들은 티 안 나게 멋을 부리려고 노력한다. 눈에 보이는 미인과 미남이라고 해도 내가 생각하는 멋진 사람은 찾기 힘들다. 또한 그 속은 겉만 번지르르할 뿐 사악한 악마의 질투심이 가득 차 있는지 아무도 모른다.

오랜 세월을 보내는 동안 보는 눈이 지쳤는지 사악한 말투와 인상의 정치인이 등장해도 자신에게 유불리만 따질 뿐 크게 평가하지 않는다. 트럼프나 푸틴을 보라 무슨 동물을 연상시키는가 한국의 정치인들 중에서도 쥐눈박이 맹생이 살모사의 눈 입놀림이 복어 아가리상 같은 사람이 많다. 어떻게 국회의원이나 단체장에 선출되었는지 신기하고 알다가도 모르고 잠에서 깨면 악몽이 생겨 불안한 마음이 휘몰아친다.

나는 하나님과 항상 소통하기에 훤히 눈에 보인다. 사람들이 많이 모이는 곳은 자꾸 새로운 것을 보기 위함이다. 옛날 시골 5일장에 가보면 항상 똑같은 장소에서 똑같은 사람들이 움직인다. 소와 닭전에 가봐도 짐승의 크기만 다를 뿐 지난 장에서 본 사람들이다. 거간들은 큰소리 치는 습관이 있다. 미국에서 거간 노릇을 해서 제법 돈을 모은 사람이 대통령 선거에 합류하여 아직도 자신의 습관을 못 버리고 엉뚱하게 큰소리를 자주 치고 뉴스와 인터넷에 보도되기도 한다.

사람들은 색다른 것을 보기 위해 도시로 몰려든다. 도시에서는 새것과 옛것이 섞이고 출렁이면서 날마다 사고와 사건들로 엮여진다. 세상을 바라보는 눈이 조금씩 변화한다. 자기 마음에 안 드는 형상이나 거칠고 난잡스러운 행동을 좋아하지 않는다. 자신의 생각대로 세상이 굴러가지 않을 경우 도시에서 농촌으로 농촌에서 도시로 다시 외국으로 움직이는 것이 요즈음 세태다.

사랑도 많이 변해 왔다. 옛날은 주로 보이는 사랑을 했는데 요사이는 보이지 않는 사랑도 많이 하는 편이다. 농촌의 예를 들자면 농사일이 단순해서 사계절이 지나는 동안 큰 변화가 없다. 하루 일과가 항상 비슷해서 TV가 있고 핸드폰이 난무하는 시대인데도 일찍 자고 일찍 일어나서 일터로 나간다. 마땅한 일이 없을 때는 땔감을 준비하러 산에 나무하러 간다.

일정한 시간 패턴이 유지되어 사랑도 신혼 때와 비슷하게 계속 이어진다. 보이는 사랑이다. 도시의 생활은 변덕의 연속이다. 직장에 나간 사람, 안 나가는 사람, 자영업을 하는 사람, 사기에 몰두하는 사람, 3교대 2교대 근무를 하여 밤과 낮이 헷갈리는 사람들이다. 자영업도 손님이 많고 적음에 따라 그날 계획이 바뀐다. 남녀가 서로 바빠서 사랑이 보이지 않는다. 보이지 않는 것에 두려운 심리가 생겨 확실하게 하기 위해 사랑을 자꾸만 확인하고 싶어하는 마음이 생긴다. 상대가 행동으로 보여 주지 않을 경우 상한 자존심이 쌓여 이혼도 한다. 직장 생활을 하다 보면 사랑이 귀찮고 피곤할지라도 그때마다 자주 표현을 하여 안심시켜 주는 것이 중요하다.

인간적인 욕망을 외면하고 구체적인 행동이 보이지 않을 경우 질투심이 생기기 마련이다. 질투심은 개인과 개인뿐만 아니라 나라와 나라 사이에서도 질투심의 발로로 전쟁이 일어난다. 러시아가 우크라이나를 침공한 이유도 유럽 연합이나 북대서양 조약기구와 가까워지는 것을 반대하는 질투심과 국제 조직들에 미치는 영향이 위협적으로 느껴졌기 때문이다. 우크라이나는 서방 세력들이 도와주어서 어느 정도 다행이지만 이스라엘과 하마스의 전쟁은 난리법석으로 인명 피해가 많이 발생했다. 가지지구 병원이 크게 파괴되어 필수 의약품과 식량과 연료가 크게 부족하다. 피난민이 너무 많아 하루 종일 물 구하기도 어려워 전염병이 휘몰아치고 있다. 어린아이들은 무슨 죄가 있는가. 굶어 죽어 가는 아이들이 늘어나고 있다.

요르단 아랍 에미리트 프랑스 영국 등은 2023년 11월경에 시작하여 합동으로 가자지구에 구호품 공중 투하를 해왔다. 이렇게 된 모든 상황은 군사력이 막강한 이스라엘을 상황을 봐 가면서 도와주어야 하는데 미국이 처음부터 강하게 밀어붙인 결과다. 바이든 행정부도 사태의 심각성을 파악하고 2024년 3월 2일 식량 3만 3천 명분을 전격 투하했다. 가자지구 민간인 피해 대응에 불만을 갖는 아랍계인들이 미국에 많이 살고 있는 것을 의식한 것이다. 임시 휴전이 반복되는데 완전한 휴전을 통해 더 이상 인명 피해를 막아야 한다. 이스라엘은 더 이상 성지의 나라가 아니라는 것이 이번에 확실하게 판명되었다.

북한의 못된 버릇을 갖게 한 것도 미국이라고 여러 번 책을 쓸 때마다 강조했지만 한국에서 나의 마음을 알아주는 매체는 없다. 앞으로 한없이 고생을 해야 한다. 또한 두 자녀 이상 출산해야 장수한다고 지적했었다. 돈만 주어서 해결될 일이 아닌 것이다. 다행히 나와 하나님과 소통이 이루어져 윤 대통령을 당선시켜 조금 숨을 쉬고 있지만 북한이 항상 불안을 조성하고 대응 능력을 뽐내고 있다. 전 정권의 문재인, 트럼프가 일조를 했고 이재명으로 이어지는 정치 세력이 판을 치고 있다. 불안감을 조성하여 질병처럼 나라를 흔들고 있는데도 호남 세력 일부는 옛날 민주당의 향수에서 못 빠져나와 순수성을 잃어 가고 있다.

인간의 의식은 원래 순수 의식인데 그것을 망각하고 인간과 인간, 나라와 나라 사이의 접근 방식도 좋은 방향으로 가는 길을 찾지 못한다. 보이지 않는 사람은 상대의 눈에 잘 보이게끔 실체화하고 방법은 찾아야 한다. 눈이라도 한 번 더 마주쳐 주고 사랑하는 마음이 생길 수 있도록 조용히 옆에 있어 주는 것, 손을 자주 잡고 걷는 것 등을 틈이 날 때마다 실천하면서 대화를 이끌어 나가야 한다.

부부간 의견 조율 잘하기

　수십 년 동안 다른 환경에서 살아왔기에 여러 가지 차이가 발생하는 것은 자연스러운 일이다. 사람의 습관은 쉽게 고쳐지지 않기에 그렇게도 생각하는구나 마음속으로 이해하면서 진도를 나가면 평온해진다. 자신의 욕구를 줄여 나가면서 상대의 마음을 받아들이기 위한 노력이 필요하다.
　부부가 검은 머리 파뿌리 되도록 결혼 생활을 유지하는데는 아내의 성격이 결정적 역할을 한다. 남편이 갑자기 화를 낼 때는 남편의 숨겨진 감정을 찾아내어 그 원인을 이해하는 방향으로 나가면 좋다. 밖에서 어떤 상황에 휩쓸려서 그 기분이 집안으로 이어질 수도 있기 때문이다. 항상 남편의 처한 상황을 이해하면서 알았다고 대답하며 즉각적인 반격을 삼가해야 한다. 알면서도 속는다는 말이 있듯이 실험적이라도 지켜보는 것이다. 근본적인 문제를 해결하지 못할 경우 다른 큰 문제로 번져 나갈 수도 있다. 남편의 말에 대해 해명을 요구하며 목소리를 높이면 교만하다고 할 것이다. 이기심은 교만과 밀접하게 연결되어 있으며 타인의 생각을 쉽게 생각한다. 사물을 자기 방식대로 보도록 요구한다. 남편이 아내와 의견 차이를 보이면 아내의 마음은 상처와 오해 거절감으로 인해 이기심으로 멀어질 것이다. 이런 이기심은 교만에서 출발한다. 즉 자기가 제일 좋게 생각하거나 자기에게 가장 잘 어울리는 일을 성취하기 위해 자신의 지성 설득력 소통 능력 전략적 기술을 확신하게 된다.

이렇게 하면 논쟁에서는 이겨도 사랑을 놓치게 된다. 이 과정에서 아내와의 관계에서 금이 간다. 남편은 자기 속에 지배하려는 마음이 있다는 사실을 깨닫지 못하고 운동경기 시합하듯 아내를 대한다. 지배하려는 낌새를 느낀 아내는 자신을 변호하기 시작한다. 남편에게 지지 않으려고 입장을 고수하며 더 고집을 부린다. 성격에 따라 감정이 복받치면 남편의 약점을 공격하거나 과거의 잘못까지 들먹인다. 지배하려는 마음은 늘 관계의 단절을 가져오므로 원하는 결과를 억지로 만들어내려는 강압적 표현이나 행동은 삼가야 한다. 아내가 화를 내며 남편을 공격하면 자신을 변호하고 아내의 주장에서 오류를 찾고 아내의 화를 비난하기 쉽다. 화가 난 여자는 이해 받고 싶어한다.

남편이 아내를 이해하기 위해 아내의 말을 잘 들어주고 아내의 심정을 함께 느껴 주면 아내의 화는 대부분 가라앉는다. 상대를 비판하거나 비난하지 않고 그의 아픔을 이해하고 공감해 주면 그 사람은 힘을 얻는다. 아무리 사납게 쏘아붙이던 사람도 이해만 해주면 금방 수그러질 때가 많다. 화는 자기에게 신경을 써주지 않는다는 생각에서 나온다. 말다툼도 사랑이다. 사랑하는 사이에 항상 생기는 일이다. 전혀 다투지 않고 화를 내지도 않는다면 솔직하지 못한 가면을 쓰고 있는 것이다. 중요한 것은 지금 이 순간이 사랑에 빠지는 시간이다. 많은 사람들이 과거에 저지른 실수를 떠올리며 조바심을 내고 앞일을 걱정한다. 아쉽게 놓쳐 버린 기회를 떠올리며 후회하기도 한다. 하지만 이 모든 것은 아무런 소용이 없다. 그 순간에도 인생은 계속해서 흘러가고 있으며 바로 그 순간이 우리가 진정으로 살아 있는 순간이다. 그러기에 죽도록 사랑해야 한다. 열정적으로 노력해야 함정에 빠지지 않는다. 세상에 안전한 사랑은 없다. 욕구 때문에 상대방과 가까워지면 또 무슨 일이 일어날까 봐 억누르는 마음을 가질 수 있다. 아내와 성관계를 맺는 것은 정서적 친밀감으로 성적 자극을 느낀다. 사랑받지 못하고 이용당하고 창피당하고 무시당한다고 느끼면 성적 의욕이 생기지 않는다.

   남편들을 먼저 아내를 축복해 주지 않으면 아내의 축복을 받을 수 없다. 특히 조심할 시기는 출산 전후 폐경이행기 노후의 성관계이다. 이러한 것들을 슬기롭게 헤쳐 나가는 동안 인생의 막이 내린다.

여성들이 사랑 받는 기술을 익히려면 사랑의 신비한 오묘함에 항상 마음을 열어 놓고 방식에 구애 받지 말고 어떤 형태로 표현된 사랑이든 받아들일 준비가 되어 있어야 한다. 열정에 따라 행동하는 것이다. 억압된 상태에서 조금씩 벗어나 사랑의 변화를 지켜보기 위해 잠시 여가 활동을 즐길 필요가 있는 것이다. 집에만 머무르기에는 지루해서 잠깐 동안 탈출이 필요하다. 여러 가지 잡다한 문제를 해결하느라 쌓인 스트레스를 해소하고 신체적 정신적으로 균형을 찾을 수 있다. 여가는 일상생활에서 의무나 구속 강제로부터 탈출하는 속성을 가지고 있어서 많은 사람들이 즐기고 있으며 일종의 해방감을 느낀다. 아무에게도 간섭을 받지 않고 자율적으로 무엇을 할지에 결정과 선택권이 부여된다. 거리에 관계없이 자신이 가고 싶은 곳을 갈 수 있고 바다나 산에 가서 마음껏 소리 지를 수도 있어서 통쾌하고 후련한 마음을 가질 수 있다. 단순한 여가 활동만으로 개인의 삶의 질이 향상될 수 없으며 가장 한국적인 것에 빠져들어야 한다. 자기 계발의 영역을 뛰어넘어 다양한 가족과 함께 사회 복지 봉사도 하여 지역 사회 발전에 기여해야 한다. 진정한 재미는 열정을 지향할 때 느낄 수 있다.

어떤 명분을 위해 두 사람이 함께 행동하면 서로 더욱 가까워지고 정신적 만족감도 얻을 수 있다. 특히 내면에 존재하는 약한 자아와 감사하는 마음을 일깨워 주는 일이라면 더욱 그렇다. 더 넓은 마음으로 사랑하는 법을 배울 수 있다. 나눔은 주는 사람과 받는 사람 모두에게 도움을 주는 행위이기 때문이다. 두 사람이 함께 할 수 있는 어떤 단체와 관련된 일이면 두 사람의 상의도 필요하다. 사랑을 타인들에게 나눠 주고 타인들의 기쁨에서 더 큰 사랑을 얻을 수 있어서 가족의 평화가 지속된다. 사랑할수록 거리를 유지하라, 코로나 시대에 나온 말이다. 오래도록 지속되는 사랑은 상대에게 강요를 하지 않는 것이다. 여가 활동은 사랑하는 사람들의 거리를 잘 조절해 준다. 너무 멀리 나가도 안 되고 지속적으로 집에만 있어도 안 된다. 업무와 개인의 삶간에 거리두기가 필요하다. 사랑하면 사랑할수록 더 적당한 거리를 두어야 영원한 사랑을 이룰 수 있다.

잘살고 못사는 것은 거기서 거기

잘산다는 것은 각자의 가치관 목표 그리고 삶에 대한 태도에 따라 다르다. 의식주가 해결되어 마음이 편하면 자신이 하고 싶은 것을 해 가면서 남들과 소통을 잘하면 잘사는 것이다. 사회적으로 인기 있는 직업에 종사하며 알아주는 사람들이 많으면 행복을 느낀다. 항상 하나님을 섬기는 사람들은 하나님이 좋아하시는 뜻대로 살아야 하고 말씀대로 이루어지도록 기원한다.

못산다는 것은 사회생활을 할 수 있는 기본 요소가 갖추어져 있지 않는 것을 말한다. 어지간히 잘살고 있으면서도 남과 비교하면서 상대적 박탈감을 느낀다면 역시 가난하다. 비교할 정도만 되어도 잘살고 있다는 증거인데 사람마다 다르게 느끼는 것은 주관적 상대적이어서 관념적 개념이라 할 수 있다. 어느 정도 수준에 오르면 기본적인 생활에 지장이 없고 소득이 많은 사람들도 더 많은 혜택을 누릴 시간적 여유도 없다. 하나님께서 하루를 24시간으로 만들어 놓았기 때문이다. 잠자고 나와서 직장에 나가 일하는 시간이 많아 가족 챙길 시간도 부족하다. 아무리 부자라도 먹는 것도 별 차이가 없다. 좋은 음식만 가려 먹다간 오히려 암에 걸리고 만다. 부족한 듯 사는 사람이 더 오래 살 수도 있다. 먹고 살만 한대도 더 욕심을 내고 허세를 부리는 사람들이 생각보다 많다. 자동차도 남보다 고급차를 타야 하고 겉모습도 화려하게 치장한다. 그러나 돈만 많이 투자했을 뿐 크게 티가 나지 않는다. 거기서 거기 도긴개긴이다.

잘산다는 것은 개인보다도 가족 전체가 풍족하게 어려움 없이 사는 것이다. 열심히 노력해서 순간순간을 잘 넘기는 것 하루의 일상생활이 마음 편하고 규칙적으로 이루어지는 현상이다. 나이가 들면 재산이 많아도 재산이 없는 노인과 별 차이를 못 느낀다. 돈의 값어치가 줄어든 것이다. 정치가나 사업가도 너무 일정이 바쁘다 보니 매사에 쫓기는 인생이다. 중요한 것은 욕구 충족을 어떻게 여유 있게 해 나갈 수 있느냐이다. 자신의 안전을 도모하면서 상호 접촉하는 가운데 좋은 정보를 얻어 경제적으로나 성적으로 효율적 이익을 챙기는 것이다. 한편으로는 남을 도와주다 반사적으로 자기에게 더 큰 이익이 오는 경우도 있다. 어떤 사업가는 기회를 못 잡는 것이 암보다 더 무섭다고까지 했다.

　기회가 괜히 오는 것도 아니다. 쓸데없이 남의 일에 간섭하지 말고 부러워하지도 말 것이며 스스로 행복해지는 길을 찾다보면 반드시 기회는 오도록 되어 있다. 남들이 쉽게 도전하지 못한 일에 몰두하여 성취감을 느끼면 행복감을 느낄 수 있다. 구하기 힘든 것을 억지로 해내려다 좌절감에 빠지면 더 궁지에 몰린다. 자신보다도 남을 배려해 조금 양보하는 모습이 성공의 지름길이다.

　간략하게 살면 편한 것을 소유하는데 많은 고생을 할 필요가 없다는 것이다. 인터넷이 발달한 것도 삶의 속도가 되지만 게임의 습관화로 젊은이들이 인생을 살면서 게임하듯 하다가 패가망신한다. 정치나 경제도 다 포함된다. 끝장을 보려다 망신살이 겹친다. 삶은 간편해야 훨훨 날 수 있다. 밋밋할수록 근심 걱정은 줄어들고 욕망과 헛된 꿈은 줄일수록 행복은 더 커진다. 인생의 진정한 의미를 찾게 되면 작은 것이 아름답게 보이면서 모든 일을 간단명료하게 처리하는 습관이 생긴다. 옷도 간단하게 입으면서 대신 체력을 향상시킨다. 마음과 몸이 일체가 되면 품격이 형성된다. 경험과 연륜이 쌓이면 남들의 시선에도 풍채가 아름답게 느껴진다.

　잘살고 못살고는 이미 사주팔자에 나와 있다면서 미신을 믿는 전통이 오래도록 지속되어 왔다. 전쟁을 겪고 분단된 국가에서 살아가면서 그만큼 나라와 사회가 불안한 느낌인 것이다. 그 틈새를 뚫고 사기를 전문적으로 하는 집단이 많이 생겼다. 사기만 안 당하고 살아도 인생이 반 성공이라는 말이 나올 정도다. 또한 북한이 매일 사기를 치는 발언을 해도 그들을 옹호하는 집단도 있다. 우리는 얼마나 기가 막힌 나라에 살고 있는가. 분단 국가에서는 지방자치제도로 충분하고 국회가 필요 없으며 법원도 3심제가 아닌 2심제가 되어야 질서가 잡힌다. 북한과 맞서는 상태에서 필요한 제도지만 오랫동안 머물러 왔다. 못살고 잘살고란 말이 나오지 않기 위해서는 국가가 지역의 가치를 소중히 생각하고 주민들이 마음껏 상상의 날개를 펼쳐 나가도록 도와주어야 한다.

중국은 땅덩어리가 크고 산간벽지가 많아서 여러 소수 민족이 살고 있다. 한국의 자연인이 산속에서 마음 편하게 살듯 마을 전체가 자연인처럼 살아도 국가가 관여를 안 한다. 그래서 소수민족의 천국이라는 말이 나온다.

오래된 시간을 만나는 것은 늘 많은 자극을 주고 깊은 생각에 잠기게 한다. 더욱더 오래된 땅과의 만남을 가져서 대한민국이 서광의 빛을 발휘할 수 있기를 기대해 본다.

암보다 더 무서운 것은

　암보다 더 무서운 것은 대체적으로 뇌졸중 치매 자살을 꼽는다. 빨리 죽는 순서는 자살 사고사 루게릭병일 것이다. 암은 천천히 걸어왔다가 서서히 사라져 무서운 줄도 모른다. 자살은 조울증이나 우울증과 연관성이 있고 스트레스 장애로 변질된 것이다.
　정신적 육체적 질병을 앓고 있다가 주변 환경에서 톡톡 쏘이면 자신도 모르게 사회에 배신감을 느낀다. 삶에 고독과 극심한 욕구의 차질이 생기면 스스로 어둠의 동굴 속으로 들어가고 만다. 사고사도 줄 서 있다. 음주운전 사고는 기본이고 건설 현장의 추락사와 각종 도구의 충돌 사고 등이 계속 이어지고 있는데 안전 관리자는 인건비 타령이나 하고 있다. 고위험 사업장일수록 현장 점검을 철저히 하면서 위험 요인과 안전

수칙을 게시판에 기록하여 홍보 교육을 지속적으로 해야 한다. 정신만 바짝 차린다면 방향 감각이 정상적으로 작동해 모든 사고는 예방할 수 있다.

젊으나 늙으나 뇌 건강이 중요하다. 사람의 뇌 기능은 22세에 최고도에 이른 뒤 27세부터 저하하기 시작한다. 추론 능력 판단 속도 등에서 뇌 기능이 쇠퇴하는 시점은 27세쯤인데 일반 기억력은 37~40세까지 유지되고 있으며 일반적인 정보 능력은 60세까지도 활발하다고 밝혀졌다. 현 시점에서 중독에 빠지는 대상이 늘어나고 있는데 약물 과용, 도박, 주식, 인터넷에 이르기까지 그 범위가 넓어지고 있다. 대상은 다르더라도 중독을 일으키는 대뇌의 작용은 매우 비슷하다. 선택과 판단 능력에 따른 의사 결정이 약할수록 중독성이 강해진다.

무언가를 얻거나 이익을 보려고 집중하다가 뇌의 기능이 피로감을 느낀다. 습관이 반복되어 불면증까지 겹치면 수면 장애가 자주 나타나 경도 인지 장애가 발생하여 기억력이나 기타 인지 기능이 떨어지기 시작한다. 일상생활에 크게 지장이 없어 그럭저럭 세월을 보내다가 건망증이 심해지면 사고를 일으키고 만다. 브레이크를 밟으려다가 가속 페달을 밟아 버린 노인 운전자가 늘어나고 있는 추세다. 사고를 내고 난 후에도 이상하게 그 순간 왜 그랬는지 기억도 나지 않는다는 운전자도 있다. 이런 사람들은 운동 신경 및 인지 능력 저하로 차 안에서 심장마비를 일으킬 수도 있다. 나이가 들어도 운전대를 놓지 못하는 경우는 생계형 개인택시 직업을 가진 사람이 대부분이고 산간 벽지 쪽에 살면서 생필품을 운반하는 경우다.

나는 운전면허증은 없고 오토바이 면허증이 있으나 사용하지 않고 있다. 혹시나 늙어서 산속에 가서 살 일이 있을지 몰라 식료품을 나르기 위해 따는 것이다. 오토바이는 좁은 비탈길에도 세워 놓을 수 있어서 자동차보다 더 편리하게 사용할 수 있다. 트럭은 군생활을 하면서 부대 내에서만 몰아본 적이 있다. 주번 사관이 안 나올 경우 수송부에 점호 점검을 나가 잠시 차 운전을 해본 것이다. 그때의 느낌이 좋지 않아 사회에 나와 운전을 하지 않는 것이다. 남의 차에도 될 수 있으면 동승을 하지 않는다. 한번은 따라갔다가 고속도로에서 사고가 날 뻔했다. 70대 운전자들은 장거리 운전을 삼가야 하고 80대가 되면 스스로 면허증을 반납해야 살 길이다. 마지막 몇 년을 더 계속해야 할 형편이라면 차로 이탈 경보 장치를 설치하고 특히 브레이크와 가속 페달 조작 오류를 어느 정도 보완해 주는 차량을 구입해서 사용해야 할 것 같다. 나이가 젊어도 고속도로 사고는 자주 일어난다.

2024년 3월 17일 오후 7시 10분쯤 전남 담양군 대덕면 고창담양 고속도로의 고창 방면 40km 지점에서 30대 여성 A씨가 몰던 모닝 승용차가 중앙 분리대를 들이받으면서 1차로에 멈춰 섰다. 단독 사고였고 당시 차량 안에는 일곱 살 다섯 살 아들 2명이 함께 타고 있었다. 이때 뒤따르던 팰리세이드 SUV가

A씨 승용차를 미처 발견하지 못하고 들이받았다. 모닝 승용차는 2차로로 튕겨 나갔고 팰리세이드는 1차로에 정지했다. 사고 직후 SUV 운전자 B씨(48)는 차에서 내려 사고 현장을 정리하고 있었다. 그러다가 더 큰 사고가 이어졌다. 1차로 2차로에서 각각 오던 관광버스 두 대가 멈춰 서 있는 사고 차량과 사고를 수습 중이던 B씨를 발견하지 못하고 덮쳐 버렸다. 모닝 승용차는 뒷자석에서 트렁크까지 차량 뒷부분이 몽땅 날아가 버리고 팰리세이드는 차량 내 에어백이 모두 터질 정도였다. 이 사고로 승용차 운전자 A씨와 그의 작은 아들 또 SUV 운전자 B씨가 심정지 상태로 이송됐으나 결국 숨졌다. 또 A씨의 큰아들과 버스에 타고 있던 승객 등 5명도 중경상을 입고 병원으로 옮겨져 치료를 받았다. 고속도로에서 사고가 나면 최소한 차를 갓길로 이동시키고 부서져서 움직이지 못한 차량은 귀중품을 가지고 신속히 나와야 한다. 뒤에서 오는 차들이 앞차를 보았을 때는 이미 속도 조절할 타이밍을 놓치고 마는 경우가 많은 편이다. 미리 뒤쪽에 가서 신호 등으로 사고를 알려야 한다.

고속도로의 사고를 예방하기 위해 1시간마다 10분 정도 속도를 반으로 줄이는 구간을 만들어 운전자가 숨고르는 시간을 마련했으면 좋겠다는 생각을 해 보았다. 4~5시간을 똑같은 속도로 질주한다는 것은 내 상식으로 이해가 안 가는 대목이다. 지방에는 고속도로가 필요 없다. 도로를 정비하여 지장이 없도록 하면 되고 고속도로를 만들었으면 속도 제한을 해도 크게 문제가 없다.

 육체 노동을 많이 하는 사람들은 피로가 겹치자 쉬는 날 밀린 잠을 몰아 잔다면서 실컷 잠을 자는 경우가 있다. 생체 리듬에 반하는 것이어서 오히려 수면 패턴을 망치고 피로를 유발할 수도 있다. 일주기 리듬이란 낮에 활동하고 밤에 잠드는 생체 리듬을 유지하도록 하는 생체 시계로 인해 조절되는 24시간 주기 리듬이다. 매일 일정한 시간에 잠이 들고 일정한 시간에 일어나도록 만들어 준다. 하지만 생체 시계가 고장 나 일주기 리듬이 뒤로 밀리거나 앞으로 밀리면 원하는 시간에 잠들고 싶어도 잘 수 없고 한참 활동해야 하는 날에 졸리면 사고를 일으킬 수 있다. 수면 시간이 한 번 무너지면 바로 잡기 어려운데 이때 잠드는 시간으로 리듬을 되찾으려고 하기보다는 일어나는 시간을 가지고 조절하는 것이 더욱 효과적이다.

 99세까지 88하게 살고 싶다면 숙면에 답이 있다는 것을 명심해야 한다. 인간은 나이 들면 몸과 마음이 쇠약해지는 것이 어쩔 수 없는 현상이다. 평소에 대인관계를 원활하게 하여 치매에 걸리지 않아야 한다. 예방법도 별로 어렵지 않다. 규칙적으로 자고 트랜스지방이 많이 들어 있는 음식을 피하면서 과도한 알코올이나 소금 섭취를 줄이면 된다.

 갈수록 1인 가구가 많아져서 소형 아파트가 인기가 높다고 하는데 1인 가구 치매 환자는 국가가 관리해야 할 형편에 놓이게 되었다. 치매는 본인만이 아닌 주변에도 피해를 주기에 무서운 병이라고 하지만 더 무서운 병은 안하무인 병이다. 세상에 자기 이름이 알려져서 뉴스에 나오기도 하고 돈도 제법 불어나서 교만해지기 시작하여 다른 사람의 의견이나 감정을 무시하고 자신만이 최고라고 생각하며 시비도 걸고 오만방자한 행동을 서슴지 않는 꼴불견이다. 정치판이나 스포츠계에서도 여실히 드러난다.

후기

요즈음 정부와 대통령을 비난하면서 까불어 대는 매체가 늘어나고 있다. 옛날의 할머니들은 까불면 다친다 차 조심하라고 당부를 했다.

세월이 흘러 핵가족이 늘어나면서 도시로 일찍 유학을 와서 공부를 하여 각종 국가고시를 통과한 학생들이 늘어났다. 어려서부터 시작한 유학 생활로 인해 농촌이나 섬 출신들은 정상적인 가정 교육을 받지 못해 가볍고 조심성이 없이 함부로 행동하면서 이리저리 휩쓸리는 정치인도 있었고, 또 사법고시를 통과하여 법조인이 된 많은 농촌 출신의 정치인들이 지금까지 이어지고 있다.

까불어 대는 것은 일탈의 연속이다. 새로운 상황을 마주했을 때 자신의 익숙한 경험에서 얻어진 것과 재빨리 일치시켜 버린다. 예를 들면 판사의 경험을 했던 변호사들은 소송에서 패하더라도 법에 따른 권리 의무의 마땅한 귀결이라 여긴다. 판사 경험이 없이 변호사가 된 사람들은 모든 사건에 평상심을 유지하지 못하고 일상에 매몰되면서 까불어 댄다. 국회의원까지 겸하게 되면 자기가 지은 죄까지 상대에게 덮어씌우면서 권력의 괴물이 되어 지옥 판사를 탄생시킨다.

걷잡을 수 없이 질서가 무너지면 여기저기서 소란이 일어난다. 의료 대란까지 생겨 지구에서 제일 먼저 사라질지도 모른다. 모든 움직이는 물체는 사라지지만 까불어 대면 속도가 빨라진다.

새로운 가치를 발견하지 못하면 그야말로 악몽의 시대에서 벗어나지 못한다. 한편으로 위안이 되는 것은 AI의 냉철함이다. 사람이 생각하고 만들어 낼 수 있는 경우의 수보다 수만 배 더 많은 경우의 수를 다 계산하여 상대를 이길 수 있는 방법을 찾아낼 수 있다. 또 핵이나 미사일을 무용지물로 만들 수 있다. 핵이 있다고 까불어 대다가 자폭하면서 망신 당하는 시간이 다가오고 있다.

2024년 10월에
이태식

하나님
핸드폰
소리에
살았다

발행 | 2024년 12월 27일
지은이 | 이태식
펴낸이 | 김명덕
펴낸곳 | 한강출판사
홈페이지 | www.mhspace.co.kr
등록 | 1988년 1월 15일(제8-39호)
주소 | 서울시 종로구 인사동 11길 16, 303호
전화 02-735-4257, 734-4283 팩스 02-739-4285

값 13,000원

ISBN 978-89-5794-579-7 03810

※저자와의 협약에 의해 인지는 생략합니다.
※잘못된 책은 바꾸어 드립니다.